Kinder im Datennetz

Gewidmet

Irena (9)
Marija (7)
Tobias (6)
Claudia (12)
Andrea (15)

... und allen anderen Mädchen und Jungen, die mir im Laufe meiner Recherchen angeboten worden sind.

... und allen anderen Kindern, die zur Prostitution gedrängt, zur Pornographie gezwungen oder vom Mißbrauch gezeichnet sind und deren Namen nie jemand erfahren wird.

Inhalt

Ein Wort vorneweg

In diesem Buch geht es um Kinder. Und um Erwachsene. Und um das, was Erwachsene mit Kindern machen.

Die Schwierigkeit dieses Buches besteht darin, daß man vieles nicht glauben möchte. Und daß viele es nicht glauben wollen. Und daß zuviele so tun, als gäbe es das nicht, wovon in diesem Buch die Rede sein wird.

Sexueller Mißbrauch von Kindern ist nicht neu. Aber die Methoden zur Bekämpfung sind ebenso alt wie die Versuche, das Thema zu verdrängen. Insofern durfte ich mich nicht darauf beschränken, nur über Datennetze als neues Medium des Menschenhandels zu reden. Ich mußte auch weitergehende Fragen anschneiden, ich mußte gegen alle Versuche anschreiben, die Problematik herunterzuspielen oder unzulängliche Mittel der Bekämpfung als »wichtige Beiträge« zu tarnen.

Deshalb muß deutlich gemacht werden,

- daß sexueller Mißbrauch, Kinderpornographie und -prostitution keine Einzelfälle sind, sondern ein weltweiter Markt die Bedürfnisse zu befriedigen sucht,
- daß die gesetzlichen Mittel und die juristische Praxis keineswegs geeignet sind, Kinder ausreichend zu schützen, ihre ungestörte affektiv-sexuelle Entfaltung zu garantieren und den Mißbrauch in internationalen Datennetzen wirksam zu bekämpfen. Zumindest dort, wo man ihn feststellen kann,
- daß Kindesmißbrauch in diesen globalen Netzen keineswegs ein rein verbaler Spaß für verklemmte Gedankentäter ist, sondern der erste Schritt zur realen Tat,
- daß es nicht ausreicht, Gesetze zu ändern, Strafen zu verschärfen und den Kampf gegen den Mißbrauch von Kindern der Polizei zu überlassen,
- daß es durchaus Ansätze gibt, den kleinen Opfern auch noch ein Stück Mitschuld am Mißbrauch zuzuschieben,
- daß man das Problem nicht dadurch bekämpfen kann, daß man die Täter ausgrenzt und einsperrt, daß sexueller Mißbrauch, Kinderpornographie und -prostitution keineswegs im luftleeren Raum entste-

hen oder nur ein Delikt perverser Triebtäter ist, sondern daß es uns alle angeht,

- daß Eltern sehr wohl etwas im Vorfeld und zur Verhinderung des Mißbrauchs tun können,
- daß Eltern, Kindergärtnerinnen, Lehrerinnen und Lehrer, Ärztinnen und Ärzte, Nachbarn und Freunde sich nicht mit dem Ruf nach mehr oder besserer Polizei aus der Verantwortung verabschieden dürfen.

Mag sein, daß ich mir mit diesem Buch viele Feinde mache, weil ich über Dinge sprechen muß, die wir gerne übersehen wollen, weil sie unbegreiflich und kaum nachvollziehbar zu sein scheinen. Aber es sind Dinge, die in unserem Umfeld Tag für Tag geschehen. Und die man nicht durch Übersehen ungeschehen machen kann.

Wenn Sie dieses Buch lesen, helfen Sie mit. Wenn Sie danach noch mehr helfen wollen, dann reden Sie über das, was Sie hier erfahren haben, mit anderen.

Augsburg, Juni 1995 *Detlef Drewes*

Samstagabend

»Ab acht zum Lutschen heranziehen. Ab zwölf werden sie je nach Körperbau gefickt!« Pseudonym »er 53« erweist sich als echter Kenner. »Meine jüngste war zwölf, aber schon geöffnet.«

Pseudonym »L.o.« bietet mir wenig später an, ich solle aus seinem »Angebot« auswählen: »Ina 13, Kerstin 11, Andrea 9 Jahre«. Gegen »TG« (die Abkürzung für »Taschengeld«, also Bezahlung). 600 Mark für zwei Stunden will er haben – »für meine Unkosten«.

»Maria 32« hat eine zwölfjährige Stieftochter. »Wir müssen aufpassen. Es ist sehr gefährlich.« Sie sei »sehr kindhaft, ganz kleine zarte Brüstchen, langes Ponyhaar, braune Augen«. Maria bietet mir ein »Paket« an: Mutter und Tochter zur »freien Verfügung«. Zwei Stunden für 500 Mark.

»Magst Du was Junges?« fragt mich überraschend Pseudonym »streng«. Ich gehe auf das Angebot ein, frage, was er denn zu bieten hat: »Zwei Aussiedler-Mädchen, neun und elf Jahre. 250 Mark, frei Haus«. Und dann will er wissen, wohin er »sie denn zustellen soll«.

Es ist Samstagabend, und in den internationalen Datennetzen hat Sex Hochkonjunktur. Allein in Datex-J, dem deutschen Netz der Telekom, früher Bildschirmtext, dürften es zu dieser Tageszeit mehr als 200.000 Bundesbürger sein, die online Sexfantasien und echte Angebote tauschen. Von weiteren Hunderttausenden Nutzern der über 2000 deutschen Mailboxen gar nicht zu reden, von den Millionen Kunden der über 2,8 Millionen Mailboxen in der übrigen Welt ganz zu schweigen, die zahllosen Live-Treffs in den globalen Netzen wie Internet, Usenet, Fidonet oder CompuServe nicht mitgerechnet.

»Magst Du Frischfleisch oder schon angestochen?« werde ich in einem Dialogsystem für Erwachsene auf CompuServe gefragt. Man könne beides vermitteln. Der Transport nach Deutschland sei überhaupt kein

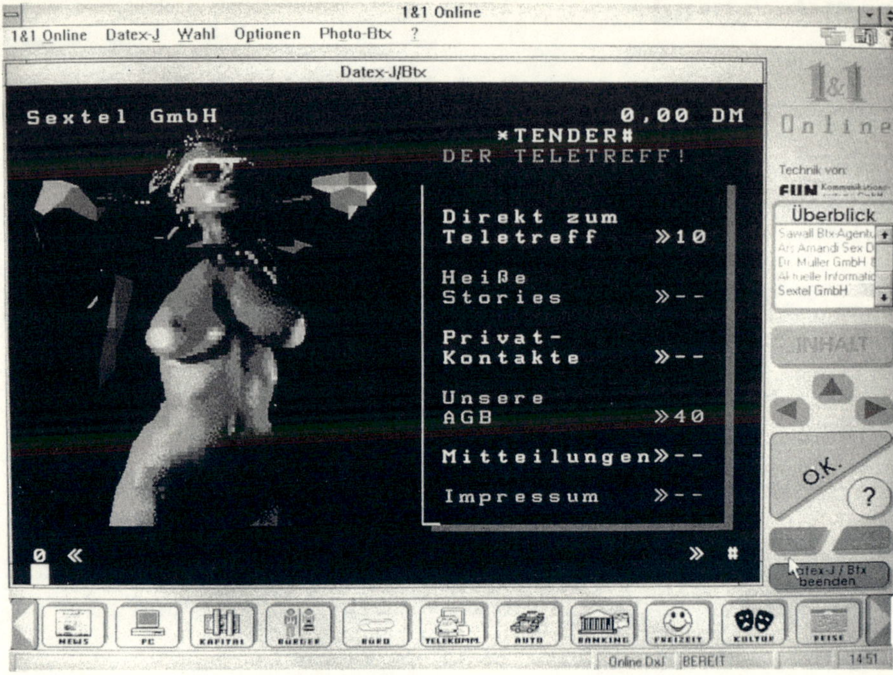

Problem. »Es sind kleine Polinnen. Wenn Du an der Grenze sagst, daß es Deine Tochter ist, merkt kein Mensch was. Wie lange brauchst Du sie?« Wir vereinbaren 24 Stunden. Kosten: 1000 Mark plus Reisespesen plus 500 Mark Pfand. »Es ist gefährlich. Das muß Dir schon einiges wert sein.«

Das Geschäft mit der Ware Kind blüht. In amerikanischen Mailboxen stoße ich immer wieder auf wohlgeordnete Bildarchive voller sogenannter GIFs, also digital gespeicherter Bilder, die per Knopfdruck auf den eigenen Rechner geladen werden können, damit man sich die Fotos in Ruhe und ohne teure Übertragungskosten ansehen kann: minderjährige Mädchen, nackt an Pfähle gefesselt, knieend vor einem stehenden Mann angebunden, Nadeln im Körper, gefesselt, ausgepeitscht, mißhandelt.

In mehreren deutschen Boxen findet sich gleiches Bildmaterial: acht-, neunjährige Jungen und Mädchen, nackt, allein oder mit Erwachsenen, beim offenen Mißbrauch, mit schmerzverzerrtem Gesicht.

Wieder im Telekom-Netz wird der »Kinderfreund« mit einer ausführlichen Erzählung beglückt. »Sex-Schüler suchen Nachhilfe« heißt der Text, in dem ein 16jähriges Mädchen schildert, wie sie von ihrem Vater zu dessen Freund geschickt wird, damit der sie zur Frau macht. Schlußsatz: »Ich habe Christian nie wieder gesehen, aber ich werde ihn immer in dankbarer Erinnerung behalten und auch meiner Tochter den Rat geben, sich das ›erste Mal‹ an einen erfahrenen Mann zu wenden.«

Wenige Seiten weiter bietet der »Freizeit Partner Service« seine Dienste an: »Stehen Sie auf knabenhafte Körperformen? Suchen Sie etwas Junges, Ausgefallenes? Faszinieren Sie Schulmädchen und Teenies, die natürlich alle 18 Jahre alt sind?« An anderer Stelle findet der Kunde unter dem Stichwort »Highschool Sex« den »Telefon-Direkt-Kontakt mit den süßesten Girls aus ganz Deutschland sowie der Schweiz.« Es folgt eine alphabetisch geordnete Liste junger oder auf jung getrimmter Lolitas mit Telefonnummern. Auszug: »Zierlich wie ein Reh. Nimm sie«. Oder: »Jungteeny, das nette Mädchen von nebenan, unkompliziert und zuvorkommend für alle Wünsche.«

Während sich die Republik kopfschüttelnd fragt, wie Eltern es in Flachslanden oder Worms fertiggebracht haben, ihre eigenen Kinder zu mißbrauchen, anderen zur Verfügung zu stellen, zu filmen, diese Videos zu verkaufen und dann schließlich die Töchter per Annonce anzubieten, sie Freiern gefesselt zur Verfügung zu stellen, bietet – wieder im Telekom-Datennetz – ein Pseudonym ungeniert »3- bis 13jährige« mit dem deutlichen Hinweis »so wie in Flachslanden« an.

In den internationalen Datennetzen ist Sex der große Renner. Die geschilderten Beispiele sind weder verschlüsselt noch besonders geschützt. Sie liegen vor dem, der über einen Rechner, ein Modem und einen Telefonanschluß verfügt, völlig offen. Daneben gibt es weitere geschlossene Gruppen, zu denen man nur nach Prüfung durch den Betreiber gelangt. Meist genügt schon eine kleine Mitteilung – »Ich versichere, daß ich älter als 18 bin« –, und schon werde ich für die Welt derjenigen, »die Kinder mögen«, freigeschaltet. An diesem Abend, genau genommen ist es schon Sonntagmorgen, findet in einem anderen Dialogsystem ein Gespräch zwischen »Kinderfreunden« statt. Ich werde befragt, geprüft, getestet, dann darf ich mitreden: Sex mit behinderten Kindern wird mir als »das total geile Erlebnis« beschrieben.

Andere Online-Dienste bieten neben dem Live-Dialog, wo man sich trifft, kennenlernt und zunächst nur Kontakte knüpft oder verbalerotische Phantasien austauscht, ebenfalls geschlossene Treffs an. Zum Zugang benötigt man ein Paßwort, das nur unter Gleichgesinnten weitergegeben wird und die Mitglieder vor neugierigen Zuhörern oder ungebetenen Gästen schützt.

Tatsächlich aber ist solcher Schutz reine Makulatur. Es bedarf nur etwas Geduld (und Geld) sowie Fantasie, um die Zugangssperren zu knacken. Die Paßwörter sind einfallslos und liegen auf der Hand. Ergebnis: Nicht nur in den Online-Dialogen, sondern längst auch in den geschlossenen Gruppen mischen immer häufiger Minderjährige selbst mit. Der 17jährige Rolf beispielsweise bietet, nach näherem Kennenlernen »sich selbst oder seine 13jährige Schwester« an. In einem anderen Dialogsystem schwärmt Andrea, nach eigenen Angaben 13 Jahre jung, davon, »es mal mit einem reiferen Mann zu machen«. Als ich den Betreiber darauf aufmerksam mache, passiert lange nichts, dann kommt die vielsagende Antwort »Oh Gott, oh Gott, das ist aber wirklich schlimm«. Andrea darf noch über 30 Minuten ungestört dabei bleiben.

»Wir gehen, wenn wir etwas merken, unnachgiebig gegen jeden vor, der Sex mit Kindern anbietet«, sagt Karl-Hellmuth von Heesen, Sprecher des Anbieters »Eden«, dessen virtueller Sex-Treff »Bar d' Amour« zwar immer wieder als Treffpunkt für Pädophile genannt wurde, was jedoch nicht einmal die halbe Wahrheit ist: In zahllosen anderen geht es wenigstens genauso deutlich und ebenso ungeniert um den Sex mit Minderjährigen. Der Versuch zeigt: Auch mit einem Pseudonym, das an Deutlichkeit nichts zu wünschen übrig läßt, bleibe ich über drei Stunden hinweg ungestört, kann nachfragen und suchen, offen nach Minderjährigen fragen und entsprechende Kontakte knüpfen. Erst am nächsten Tag bekomme ich eine offizielle Abmahnung des Anbieters. Daß am Abend vorher detaillierte Absprachen über die Vermittlung von Kindern zur Prostitution gelaufen sind, tut dem keinen Abbruch. »Normalerweise«, so von Heesen, »sperren wir solche Leute ohne Vorwarnung aus.« Aber der Eden-Sprecher weiß auch, daß viele wenig später unter neuer Anschlußnummer wieder da sind.

Zwar weisen Anbieter und Telekom, Sicherheitsbehörden und Kontrolleure mit steter Regelmäßigkeit darauf hin, daß die Mehrzahl derer, die sich da in Online-Diensten tummeln, reine Verbalerotiker seien. Aber dem widerspricht, daß kein Tag verging, an dem nicht handfeste Tips oder Hinweise ausgetauscht wurden – vom Ratschlag, wo man den Urlaub am besten verbringt, um ungestört »mal was richtig Junges ohne jedes Risiko zu genießen«, bis hin zur Vermittlung von kinderpornographischen Videos, auf CD-ROM gespeicherten Sex-Bildern mit Minderjährigen und »heißen Mailbox-Nummern, wo Du ungestört in Bildern, Texten und aktuellen Tips schmökern kannst. Wir sagen Dir, wo es Kids gibt«. Und daß Paare offen und ungeschminkt erzählen, wie sie bei ihrem Zusammensein auch Kinder hinzugezogen hatten, gehört längst schon zu den Normalerscheinungen. Zitat: »Unsere zwölfjährige Nichte ist immer dabei, wenn wir es miteinander treiben. Und dann treiben wir es auch mit ihr.« Gegenfrage: »Gibt es keine Probleme?« Antwort: »Doch, aber die Geilheit siegt.«

Eine Entschuldigung namens Verbalerotik

Hinzu kommt, daß der Verweis auf die Verbalerotik oft auch so etwas wie eine bequeme Ausrede ist, um sich nicht um die Vorgänge in den Datennetzen kümmern zu müssen. An einem Abend begegnet mir ein Pseudonym, das ausführlich darlegt, wie »ich gerne mal so ein paar Kleine fertigmachen möchte«. Und dann wird beschrieben, daß er gerne mal einen Kindergeburtstag überfallen, die Eltern fesseln und dann »eine nach der anderen genüßlich vergewaltigen würde«. Zum Schluß führt er dann detailliert aus, wie er die Mädchen – so zwischen sieben und acht Jahren – »eine nach der anderen und schön langsam hinrichtet«. Alles nur Verbalerotik?

Walter Wilken, Geschäftsführer des Deutschen Kinderschutzbundes, spricht ganz offen davon, daß »die Behörden hier die Augen verschließen.« Es sei doch auffallend, daß solche Praktiken seit Jahren immer nur von Journalisten und nicht von den Sicherheitsbehörden aufgedeckt würden. Ein Vorwurf, der vor allem dann Sinn macht, wenn man auf der Reise durch die Datenwelt feststellt, daß Sex mit Kindern keineswegs nur hinter verschlossenen Datentüren stattfindet, sondern offen und für jedermann zugänglich und nachlesbar angeboten wird. Zwar sind die Zeiten, in denen Anzeigen wie »Vermiete junges Geschwisterpärchen für 1000 Mark die Nacht. Junge, 12, blond, Mädchen, 11, brünett. Beide absolut gefügig« an den Pinwänden im Datex-J zu finden waren, fast vorbei. Aber wer sich mit Sprache und Praxis von Zuhältern, Menschenhändlern und Kinder-Vermittlern auskennt, müßte bei einer Annonce wie »Gutsituiertes Paar sucht ihn oder sie mit Kind für tabulose Freizeitgestaltung« eigentlich aufhorchen.

Daß die Päderasten dennoch in der Datenwelt weitgehend ungefährdet ihre Neigungen realisieren können, hat nicht zuletzt mit technischen Freiräumen zu tun, die, wenn nicht gezielt geschaffen, so doch zumindest gezielt erhalten bleiben. Schon 1990 machte eine Anzeige die Runde. »BTX-Sex-World, Teenies jung, süß und frech, tierisch und affenscharf« wurde da im Bildschirmtext-Magazin der damaligen Deutschen Bundespost annonciert. Eine überparteiliche Fraueninitiative sowie Kinderpolitiker aller Fraktionen des Bundestages schrieben daraufhin an den zu diesem Zeitpunkt amtierenden Postminister Christian Schwarz-Schilling, er solle mit den Bundesländern eine bessere Kontrolle aushandeln, die »derartige Nutzungen nicht mehr zuläßt«.

Gemeinsam untersuchten die PolitikerInnen und die Kinderkommission den Kinderporno-Videomarkt und das Datensystem. Ergebnis: »Die Darstellungen gehen bis zu authentischem Geschlechtsverkehr mit vier- oder fünfjährigen Kindern, meist Mädchen, oder sogar Säuglingen.« Die Kinder würden bei der Herstellung der Pornos mißbraucht, »mit ganz erheblichen körperlichen Schäden und Folgen, häufig für ihr ganzes Leben.«

Das war 1990. Daraufhin wurde, wie in einem der nächsten Kapitel genauer dargestellt wird, der Bildschirmtext-Staatsvertrag um einige Jugendschutzbestimmungen erweitert. Den Erfolg belegen die Erlebnisse an einem ganz gewöhnlichen »Samstagabend«.

Zu Gast in der Welt der Datennetze

Der Eintritt in das Reich der endlosen Datennetze ist ein Kinderspiel. Seitdem Politik und Industrie die globale Vernetzung zur zentralen Zukunftsaufgabe erhoben haben, ist der Aus- und Aufbau mit ungeheurer Geschwindigkeit vorangetrieben worden. Was früher unbezahlbaren Großrechnern vorbehalten war, erledigt heute jeder einigermaßen intelligente Jugendliche vom Kinderzimmer aus.

Notwendig sind ein gängiger Personalcomputer (PC), ein sogenanntes Modem, eine Art Schaltkästchen, mit dem der Rechner mittels eines

Kabels an die Telefonsteckdose angeschlossen wird. Die technische Entwicklung hat die Preise der Modems derart fallen lassen, daß die einfachsten heute bereits beim Kauf eines PC oder eines Laptops draufgelegt werden. Der beiliegende Antrag muß unterschrieben an die Telekom gesandt werden, acht Tage später ist die zwölfstellige Anschlußkennung da: Die Eintrittskarte in das Telekom-Netz, das künftig Telekom-Online heißen soll und noch unter dem Titel »Datex-J« (J steht für Jedermann) firmiert. Von dort aus gibt es längst sogenannte Gateways, Querverbindungen, ins Ausland und in andere Netze wie Internet. Von dort wiederum kann man sich mit etwas Übung problemlos weiterwählen – ob Fidonet oder CompuServe, die Datenwelt kennt kaum Grenzen.

Die weitgehend unzulängliche Technik von Datex-J bescherte den Nutzern denn auch manchen Zufallstreffer. Wer nur mal eben eine Bahnverbindung nachsehen oder einen Kontoauszug abrufen wollte, landete – ohne dies zu wollen – plötzlich bei der Aufschlagseite eines Sex-Anbieters. Nur wenige widerstehen der Versuchung, dann doch mal nachzusehen, was sich dahinter so alles verbirgt. Der erste Kontakt ist hergestellt.

Hinter aufreizenden Grafiken wartet dann der lockende Text. Spätestens, wenn der Nutzer begriffen hat, daß Anonymität in den Sex-Diensten oberstes Prinzip ist, fallen die letzten Hemmungen. Zunächst wählt man ein Pseudonym, das willkürlich sein kann. Ob »Maria 23« nun wirklich Maria heißt und 23 Jahre alt ist, oder ob sich dahinter ein 50jähriger Mann verbirgt, wird niemand erfahren. Auf diese Weise bleibt dem lüsternen Kunden auch verschlossen, ob er nicht sogar in Wirklichkeit mit einem der Animatoren »tickert« bzw. »chattet«, die fast jeder Anbieter einsetzt, um – wie es offiziell heißt – »das Spiel reizvoller zu gestalten.«

Tatsächlich zögern viele Animatoren jedoch nach schnellen ersten Briefwechseln die Antworten immer weiter hinaus. Denn Zeit bringt Geld. Neben den monatlichen Anschlußgebühren von acht Mark für Datex-J Telekom-Online und einer Nutzungsgebühr von 0,04 Mark Normaltarif (0,02 Mark Billigtarif) plus 23 Pfennig Telefonkosten für sechs Minuten Verbindung verlangen die Betreiber der Sex-Dienste nämlich zusätzlich sogenannte Anbietervergütungen. Diese liegen zwischen zehn Pfennig und 1,30 Mark pro Minute. Wer da auf eine Antwort mal zehn Minuten warten muß, bezahlt seine Geduld somit mit bis zu 13 Mark an den Betreiber, 78 Mark die Stunde. Und es bleibt kaum bei einer Stunde oder einem Abend. Vierstellige Telefonrechnungen sind in der Szene keine Seltenheit. Erst 1994 legte die schleswig-holsteinische Polizei einen Sex-Online-Dienst lahm, bei dem die Kunden praktisch ausschließlich mit Animatoren verbunden waren und diese alles taten, um nur ja viel Zeit (gleich Geld) herauszuschlagen.

Wer sich also ein aufreizendes Pseudonym gewählt hat, bekommt auf der nächsten Seite die Möglichkeit, seine Vorlieben oder Vorzüge auf einer Visitenkarte einzutragen. Dann erst landet er sozusagen in der Eintrittshalle des Dienstes, in der man sich nun entscheiden muß, ob man in den Online-Dialog eintritt, seinen Briefkasten studiert oder in eines der sogenannten Foren geht, die häufig geschlossenen Gruppen vorbehalten sein sollen.

Im Dialog findet der Nutzer dann eine Bildschirmseite mit 20 anderen Pseudos je Seite (meist sind soviele online dabei, daß deren Pseudonyme bis zu 20 Seiten füllen), deren Visitenkarten er (dies häufig bereits gegen Gebühr) studieren kann, um sich zu entscheiden, wer seinen Vorlieben am nächsten kommt. Diesen kann er dann anschreiben – live und online von seiner Tastatur aus. Wenig später signalisiert der Bildschirm, daß eine Antwort vorliegt. Auch jetzt bleibt es wieder jedem überlassen, ob er den Dialog aufnimmt oder nicht.

Zu den Besonderheiten gehört dabei die Anonymität. In zunehmend mehr Dialogen kann der Nutzer nämlich entscheiden, ob er »Einwohner«, also sozusagen Stammgast, wird. In diesem Fall bleibt sein Pseudonym für einige Wochen geschützt. Er wird in einer Einwohnerliste geführt, ist also für jeden relativ einfach wiederauffindbar. Während einige Anbieter diesen Eintrag automatisch vornehmen, überlassen andere dies dem Nutzer. Dieser kann somit nicht nur völlig anonym, sondern auch völlig unerkannt bleiben, da er nach Ausstieg aus dem Dialog im wahrsten Sinne des Wortes von der Bildfläche wieder verschwindet. Auch das Pseudonym wird nicht gespeichert.

Kein Wunder, daß sich solche Dialogsysteme großer Beliebtheit bei denen erfreuen, die nicht nur einfach nett reden oder erotisch fantasieren wollen. Denn sie können sicher sein, daß sie letztlich nur von einem wirklich identifiziert werden könnten: der Telekom. Diese speichert nämlich alle Verbindungsdaten, um über die monatliche Telefonrechnung auch die Anbietervergütungen beim Kunden einzutreiben und an den Betreiber der Dienste weiterzuleiten. Die Speicherung der Telekom allerdings unterliegt dem Datenschutz, lediglich Polizei oder Staatsanwaltschaft können auf Offenlegung drängen, wenn beispielsweise im Zuge von Ermittlungen eine Identifizierung notwendig sein sollte.

Soviel Schutz nützt letztlich all jenen, die ungestört auch nach Kindern in den Datennetzen suchen wollen.

Nun wissen Kenner der Datenszene, daß im Vergleich zur internationalen Datenautobahn Datex-J über Jahre hinweg bestenfalls als Feldweg taugte. Grund dafür war eine weitgehend veraltete Technik, die die Daten sozusagen im Schrittempo übertrug. In Zahlen: Während im Datex-J-Netz die Daten mit 2400 Baud pro Sekunde flossen, bringen es internationale Netzwerke auf 28.000 Baud und mehr. Die Folge: Bilder und Texte werden nicht nur in geringerer Zeit, sondern auch mit erstklassiger Qualität übertragen. Sogar Videoclips kommen beim Verbraucher in gestochener Schärfe an, auch wenn das Wort in diesem Zusammenhang einen eigenartigen Beigeschmack hat.

Multimedia – die Datenautobahn wird ausgebaut

Seit Mitte 1995 ist dies anders. Die Telekom erhöht Zug um Zug den Datenverkehr auf immerhin 9600 teilweise sogar auf 14.400 Baud und will ihr Netz modern in Telekom-Online umtaufen. Was vorderhand technischer Fortschritt ist, läßt manchen Jugendschützer erschauern. Damit nämlich schlägt nämlich die große Stunde für Multimedia. Mit anderen Worten: Das hausbackene Datex-J-Netz ist seit diesem Zeitpunkt durchaus auch für die Übertragung von Bildern interessant. Daß darunter auch Pornographie ist, dürfte keine Frage sein. Zwar suchte die Telekom im Vorfeld der Umstellung immer wieder darauf hinzuweisen, daß man Sex-Anbieter nunmehr disziplinieren wolle. Der Versuch scheiterte aber schon Anfang 1995. Da hatte die Telekom einen Anlauf unternommen, um dubiose Anbieter aus den Übersichten zu verdrängen, mußte dies aber nach einer Klage wieder rückgängig machen.

Noch schwieriger ist die Identifizierung von Nutzern in den internationalen Netzen oder Mailboxen. Eine Mailbox ist gleichsam ein Rechner mit größerem Speicher, in dem Nachrichten, Bilder und sonstige Daten einerseits abgelegt und andererseits abgerufen werden können. Wer ein Modem besitzt, hat dafür schon alles, was er braucht, denn das zum Anwählen notwendige Programm ist in jedem Betriebssystem enthalten. Man gibt die Telefonnummer ein, wählt den Rechner an und kann dann im Datenbestand stöbern.

Zwar sind die pornographischen Bilder in der Regel besonders geschützt. Hierzu muß dem Mailbox-Betreiber, dem sogenannten Sysop (Abkürzung für System-Operator), eine schriftliche Bestätigung geschickt werden, daß man diesen Sex-Bereich nutzen will, und daß man älter als 18 Jahren ist. Außerdem ist eine Kopie des Personalausweises beizufügen. In der Praxis bewirkt dies jedoch kaum etwas. Erstens, so ein Experte für Computerkriminalität, »überlegen Sie selbst einmal kurz, wie einfach Ihr Filius sich eine Kopie Ihres Personalausweises beschaffen kann!« Und zweitens sind auf dem Markt inzwischen von Hackern erstellte Programme zu haben, die einem das Knacken jedes Paßwortschutzes ermöglichen.

So etwas fordert insbesondere die jungen Computerfreaks heraus, die zu den häufigen Konsumenten auch härtester Pornoware gehören. An den Homecomputern zwischen Flensburg und dem Bodensee wird längst kopuliert, was die Festplatte hergibt. Ob »Sexy Games« oder die zehnteilige Serie »Slave« mit Verstümmelungen von Sklavinnen – immer mehr Kinder und Jugendliche auch deutlich unter 18 Jahren sind dabei. Das bestätigt nicht zuletzt die Bundesprüfstelle für jugendgefährdende Schriften, die bereits eine stattliche Anzahl solcher Machwerke auf Diskette auf den Index gesetzt hat. Vermerk »Hersteller unbekannt«. Einer der Jugendschützer wörtlich: »Wenn irgendwo ein neues Programm erscheint, geht das als Kopie innerhalb von vier Tagen durch die Republik.«

Herumliegende Pornohefte konnten Lehrer oder Eltern leicht als anstößig identifizieren. Technisch perfekte Teens verkaufen den Erziehungsberechtigten heute eine Diskette glaubwürdig als Übungsprogramm für den Mathematikunterricht und die stolzen Eltern sind technisch gar nicht in der Lage, dies zu überprüfen. Ein 16jähriger über sein Lieblingsprogramm »Strip Poker«: »Wenn meine Mutter reinkommt, drück ich den Elternschutzschalter. Dann ist der Bildschirm schwarz.«

Dabei beschränken die Kinder und Jugendlichen sich keineswegs auf das gängige pornographische Angebot. Reine Nacktfotos und Bettszenen sind längst überholt. Es muß schon härteste Ware sein – Auspeitschungen, Folterungen mit Nadeln, brennenden Zigaretten sowie Essen von Fäkalien – und Kinderpornographie. Unter den Schülern des

Gymnasiums einer süddeutschen Großstadt kursiert eine Liste amerikanischer Mailboxen, die sich als wahre Fundgrube für pervers-sexuelle Bilder entpuppte. Die Schüler tauschten die Nummern auf dem Pausenhof wie früher Fußballbilder oder schwarz kopierte Computerspiele.

Der 23jährige Computerhacker Wolfgang Reim, der seinen richtigen Namen lieber nicht lesen möchte, berichtet von einem Streifzug durch das europäische Daten-Warenlager: »Alles, was verboten ist. Sado-Maso, Sex mit Kindern, Sex mit Pferd, mit Schäferhund.«

Wer sich in der Mailbox einer Berliner Raubkopierer-Gruppe einloggte, konnte beispielsweise die Datei »!12YEARS.HAM« (Inhaltsangabe: 12-years-old pussy) auf die Festplatte holen. Oder auch mal das »Blonde Ficktier, Beine breit« anschauen. Diese beiden Beispiele liegen zwei Jahre zurück. Aber noch 1995 lud ein persönlich tief betroffener Hacker für die Arbeiten zu diesem Buch von US-Mailboxen die Serie »Japanese Schooolgirls« (Japanische Schulmädchen) herunter. Aus einer deutschen Mailbox waren leicht pornographische Bilder von nackten Mädchen am Strand oder bei einer Vergewaltigung zu beschaffen. Es gab nicht einmal eine Zugangssperre zu überwinden.

In den internationalen Netzen ist eine Nachforschung oder gar Identifizierung noch schwieriger. Pornographie jeder Art wird beispielsweise bevorzugt über Internet ausgetauscht. Dieses Netz entstand ursprünglich aus der Idee, die militärischen Rechner global zu vernetzen. Dann wurde eine Art internationaler Bildungsaustausch daraus, indem man die Universitäten rund um den Globus miteinander verband, um deren Archive, Bibliotheken und Datenbestände für jeden nutzbar zu machen. Längst hat jedoch – im wahrsten Sinne des Wortes – alle Welt Zutritt zu diesem Netz und tauscht sogenannte E-Mail (elektronische Post) aus. Da der Absender sich entweder hinter einer Zahlenkombination oder einer Buchstabenkolonne plus einem Pseudonym verstecken kann, ist es leicht möglich, seinen Standort und seine Identität zu verschleiern.

Ursula Ott schildert in Alice Schwarzers Buch »PorNo« den Fall eines Professors, der via E-Mail von Kollegen Tips darüber erbat, wie man »am effektivsten eine Frau mit Stromstößen traktieren kann, ohne Spuren zu hinterlassen?« Er mußte nur wenige Tage warten, um von anderen Pseudonymen hilfreiche Hinweise zu bekommen »Benutze großflächige Elektroden mit gutem Hautkontakt und Kontaktcreme, damit es keine Verbrennungen gibt. Wenn du ihren Kopf nach unten hängen läßt, bleibt sie eher bei Bewußtsein.« Und ein anderer wußte, daß man am besten Klavierdraht benutzt, »der hinterläßt keine Spuren«.

Dank modernster Übertragungstechniken ist der Datenaustausch aber längst nicht mehr auf reine Texte beschränkt. Auf den Festplatten dieser Welt warten nicht zuletzt hinter der Deckadresse nobler Universitäten Bilder und Videoclips für jeden Geschmack.

Anfang 1995 wurde eine fingierte Anfrage nach »scharfer Kinderpornographie und Kontakten zu Mädchen, schön jung!!« via Internet gestartet. Es dauerte nicht einmal 24 Stunden, bis Antworten aus den USA, Thailand und Tschechien vorlagen. Im einen Fall riet man, eine bestimmte Mailbox in den USA anzuwählen – »erstklassiges, privat hergestelltes Material mit echten Kids«. Im anderen Fall gab es Tips für Kontakte in und außerhalb Deutschlands, wo Kinder »zu haben sind«. Zitat: »Hier bei uns kannst Du Dir alles aussuchen. Sie stehen an der Straße oder Du suchst sie Dir selber aus und nimmst sie mit. Ist allerdings teuer, weil nicht ungefährlich. Aber das Risiko muß Dir der Spaß schon wert sein. Melde Dich.« In den berühmtem »Internet Yellow Pages«, eine Art Telefonbuch für das Internet, bietet unter dem Stichwort »Sex« ganz offen eine sogenannte Newsgroup mit verschiedenen Neigungen zum Thema Sex an. Bei der Suche nach Kontakten zu Kindern bzw. Leuten, die Kinder vermitteln, war man mir hier mehrfach ausgesprochen hilfreich, zeigte sich aufgeschlossen und kenntnisreich.

Zum Teil wenden die Pädophilen auf der Datenautobahn besonders perfide Tricks an, um an Kinder heranzukommen. 1993 berichtete ein US-Fahnder und Mitglied der Sondereinsatztruppe der amerikanischen Bundespolizei FBI, ein Pädophiler habe eine Mailbox für Fans der Raumschiff-Serie »Star Trek« (»Raumschiff Enterprise«) eingerichtet, um auf diese Weise »Kontakt mit Kindern zu bekommen«.

Wo noch vor wenigen Jahren viel Geduld und Mut nötig waren, um verdeckt arbeitende Ansprechpartner ausfindig zu machen, die Kinderpornos oder Videos oder gar Kinder zur Prostitution anboten, »erleichtert« heute die anonyme Welt der Datenkommunikation die Recherche. Ann Thönissen und Klaus Meyer-Anderson mußten 1989 noch eine Wohnung anmieten und Decknamen erfinden, durch halb Deutschland reisen und dubiose Vermittler aufsuchen. Heute genügen Rechner und Modem. Kontakte sind oft genug binnen weniger Stunden hergestellt. Videos und CD-Roms werden per Knopfdruck bestellt und kommen

»bequem« per Nachnahme ins Haus. Und wer nicht warten will, lädt sich einfach ein paar Kinderpornos aus einer Mailbox herunter. Es gibt genügend, die nicht einmal die gesetzlich vorgeschriebene Kontrolle (siehe oben) installiert haben. Das Risiko entdeckt zu werden, scheint nahe Null zu sein.

Mehr noch: Da sich über das Treiben der Erwachsenen und die Verbreitung von Angeboten professioneller Prostituierter in den Datennetzen niemand aufregt, entstehen zahllose Lücken, in denen Kinderhändler unterschlupfen können oder in denen Päderasten schon einmal Gleichgesinnte treffen und (vorerst) ihre Fantasien austauschen können. Daß dabei das Tabu »Kein Sex mit Kindern« zunächst im Kopf ausgehöhlt wird, scheint niemanden zu stören. »Sind doch alles Verbalerotiker« hieß es von seiten der Polizei und der Politik immer wieder.

Daß auf diese Weise aber das eigentlich Undenkbare denkbar wird und dann schließlich realisierbar erscheint, wird dabei nur allzu oft übersehen. Die Sucht nach Kindern zur sexuellen Befriedigung erscheint nach dem Talk mit Gleichgesinnten immer mehr als etwas Normales, die Tips und Schilderungen eigener Erlebnisse erleichtern den kleinen Schritt zu der Überzeugung, man dürfe durchaus, was andere auch schon getan haben. Die Hemmschwelle sinkt, der erste Schritt zur Realisierung ist getan. Daß der oft zitierte Schluß, das Ausleben perverser Fantasien im Online-Dialog sei immer noch besser, als diese in der Wirklichkeit mit realen Mädchen oder Jungen umzusetzen, nicht trifft, wissen alle Experten. Dirk Bange von der Kölner Beratungsstelle »Zartbitter« für mißbrauchte Mädchen und Jungen bringt dies auf den Nenner: »Dann müßte man ja auch einen Sexualstraftäter durch Vorführung von Pornofilmen heilen können.«

Der Markt: Nackte Zahlen

In der Bundesrepublik Deutschland werden nach offiziellen Angaben pro Jahr 15.969 Kinder mißbraucht. Diese Zahl weist das Bundeskriminalamt, das die Angaben der Landeskriminalämter zusammenfaßt, aus. »Offiziell« bedeutet, daß hiermit die amtlich festgestellten Fälle von Kindesmißbrauch gemeint sind.

Hinzu kommt natürlich die hohe Dunkelziffer, über die trefflich gestritten wird. Walter Wilken vom Deutschen Kinderschutzbund verweist auf die in der Fachwelt übliche Methode, bei diesen Delikten davon auszugehen, daß rund zehn Prozent der Straftaten aufgedeckt werden. Dies würde zu einer Gesamtzahl von 150.000 Fällen von Mißbrauch führen. Bei anderen Organisationen wird die Größenordnung sogar auf 300.000 geschätzt, wobei man sich auf Berechnungen des Bundeskriminalamtes beruft. Dort wiederum weist man diese Zahl weit von sich und spricht von insgesamt vielleicht 80.000 bis 90.000.

In jedem Fall »muß die Zahl der Dunkelziffer in diesem Deliktfeld als sehr hoch eingeschätzt werden«, schreibt das Landeskriminalamt Baden-Württemberg in seinem Jahresbericht 1993, »da meist das Täter-Opfer-Verhältnis die Anzeigebereitschaft der Opfer sehr stark einschränkt.« Mehr noch: Die einschlägigen Paragraphen, dies wird später noch ausführlich aufgezeigt, sind sogenannte Antragsdelikte, das heißt, deren Verfolgung muß vom Opfer oder dessen Erziehungsberechtigten beantragt werden. Nun gehört es zum Charakteristikum des Kindesmißbrauchs, daß daran keiner wirklich ein Interesse haben kann. Der Täter, der ja in 95 Prozent der Fälle aus dem familiären oder Freundes-Umfeld kommt, nicht. Und die Kinder auch nicht. Denn diese wollen auch den Vater oder die Mutter nicht verlieren, sondern sie wollen genau genommen nur, daß der Mißbrauch aufhört.

Eine weitere Unschärfe der Zahlen liegt in der Unterschiedlichkeit dessen, was man unter Mißbrauch nun eigentlich versteht. In dem Kapitel über die rechtliche Situation wird ausführlicher darzustellen sein, daß beispielsweise der zwar bewußte, aber eher flüchtige Griff an die Brust oder unter den Rock oder an die Hose gesetzlich noch keineswegs Mißbrauch ist.

Juristen wie die Rechtsanwältin Claudia Burgsmüller, die für die terre-des-hommes-Kampagne »gegen Kinderprostitution und Sextourismus« ein eigenes Gutachten angefertigt hat, definiert Mißbrauch als »eine sexuelle Handlung eines Erwachsenen mit einem Kind, das aufgrund seiner emotionalen und intellektuellen Entwicklung und aufgrund des ungleichen Machtverhältnisses zwischen Erwachsenen und Kindern nicht in der Lage ist, dieser sexuellen Handlung informiert und frei zuzustimmen. Bei der sexuellen Ausbeutung nutzt der Erwachsene seine Machtposition und seine Autorität oder die Abhängigkeit des Kindes aus, um das Kind zur Kooperation zu überreden oder zu zwingen.«

Die Mitarbeiter der Beratungsstellen gehen noch einen Schritt weiter, weil sie aus der Praxis wissen, daß es zum Mißbrauch nicht unbedingt einer konkreten Handlung bedarf. Dirk Bange, bekannter Fachbuchautor und Mitarbeiter der Kölner Beratungsstelle »Zartbitter«, schildert dafür ein Beispiel: »Eines Abends zieht der Vater seine achtjährige Tochter zu sich heran und flüstert ihr ins Ohr: Heute nacht komme ich und mache dich zur Frau.« Daraufhin, so Bange, habe das Mädchen fast zwei Jahre lang nachts nicht mehr ruhig schlafen können und habe, selbst als über 20jährige Frau, noch Probleme, wenn sie nachts ein Geräusch hört.«

Auch dies ist sexueller Mißbrauch, obwohl dieser lediglich verbal angedeutet wurde. In einem anderen Fall hat man diese bloßen Äußerungen längst als Tatbestand anerkannt. Im Gesetz zum Schutz der Frauen vor sexueller Belästigung werden ausdrücklich verbal-anzügliche Bemerkungen zum Beispiel am Arbeitsplatz als Belästigungen und damit als Straftatbestand definiert. Bei Kindern sind wir davon bedauerlicherweise noch weit entfernt.

Wenn jedoch solche verbalen Anspielungen ebenfalls als Mißbrauch gelten, woran kein Zweifel bestehen kann, ist fraglich, ob inklusive Dunkelziffer die Gesamtzahl von 300.000 Mißbräuchen pro Jahr ausreicht. Beim Deutschen Kinderschutzbund gilt als Definition für Mißbrauch »alles, was ein Täter mit einem Kind macht, das ihn sexuell befriedigt oder was er sexuell motiviert macht.« Geschäftsführer Walter Wilken: »Das ist allerdings zahlenmäßig nicht mehr zu greifen.« Zumal die Vielzahl der tatsächlichen oder nur verbalen Übergriffe in Datensystem noch praktisch überhaupt nicht erfaßt werden.

Insofern ist man bei der Frage, wie sich die Zahl der Delikte in den letzten Jahren entwickelt hat, auch weitgehend auf die Zahl der amtlich feststellbaren Delikte angewiesen, von der aus man dann die Dunkelziffer entsprechend hochrechnen muß.

Das Bundeskriminalamt weist aus an registrierten Fällen von Mißbrauch an Kindern für
1989: 11.851 Fälle,
1990: 12.741 Fälle,
1991: 16.622 Fälle,
1992: 18.275 Fälle,
1993: 15.969 Fälle.

Die Zahlen für 1994 lagen noch nicht vor. Es hieß jedoch, man müsse sich auf eine Erhöhung gefaßt machen.

Zum Vergleich ist es sinnvoll, die Angaben des Landeskriminalamtes Baden-Württemberg heranzuziehen, wo man sich seit Jahren besonders intensiv mit diesen Delikten befaßt und wo vor einiger Zeit die bundesweite »Zentrale Auswertungsstelle Kinderpornographie« eingerichtet wurde.

In Baden-Württemberg wurde an Straftaten gegen die sexuelle Selbstbestimmung von Kindern registriert:
1990 4366 Fälle,
1991: 4334 Fälle,
1992: 4468 Fälle,
1993: 4055 Fälle.

Die offiziellen Zahlen zeigen wenig Ausschläge nach oben oder unten. Und dies, obwohl seit 1990 eine immer intensivere Diskussion über den Mißbrauch von Kinder eingesetzt hat und einige spektakuläre Fälle in der Öffentlichkeit erregt diskutiert wurden. Aus den Zahlen darf nach einhelliger Meinung der Sicherheitsbehörden aber keineswegs darauf geschlossen werden, daß die Zahl der Vergehen an Kindern stagniere. »Die Täter bedienen sich lediglich immer perfekterer Methoden«, sagt ein Kriminalbeamter, der mit den Ermittlungen befaßt ist und deswegen seinen Namen nicht genannt wissen möchte. Daß dazu auch die rapide steigende Zahl von Kinderpornographie und Angebote zur Prostitution via Datennetz gehören, ist ein offenes Geheimnis. Wenn auch noch keines, das erfaßt wird.

Alle diese bisher genannten Zahlen betreffen allerdings ausschließlich den sexuellen Mißbrauch von Kindern. Wenn man alle Sexualdelikte wie Vergewaltigung durch einzelne, Überfälle durch Gruppen und die sexuelle Nötigung hinzunimmt und dies auf alle Opfer bis 21 Jahren ausdehnt, ergeben sich weit höhere Zahlen:

1990: 21.610 Fälle,
1991: 26.049 Fälle,
1992: 28.198 Fälle,
1993: 25.656 Fälle.

Auch hier muß für 1994 von einer Steigerung ausgegangen werden. Mit anderen Worten: Innerhalb der verschiedenen Delikte gegen die sexuelle Selbstbestimmung finden Verschiebungen statt, die Gesamtzahl klettert stetig an. Nur die Aufklärungsquoten sind seit Jahren mit rund 58 Prozent gleich.

Die offiziellen Angaben verzerren das Bild auch noch in anderer Hinsicht. So schlüsselt das Bundeskriminalamt – am Beispiel der Angaben für 1993 – die Opfer folgendermaßen auf: Von den insgesamt 15.969

Betroffen waren 12.137 Mädchen und 3832 Jungen. Die Kinder waren zum überwiegenden Teil zwischen sechs und 14 Jahren alt (14.506), der geringere Teil waren Jungen und Mädchen bis sechs Jahren (1436).

Daß die Zahl der Mädchen so ungleich höher als die der Jungen sein soll, begründet Manfred Kaltwasser, Sachbereichsleiter für sexuelle Straftaten im Bundeskriminalamt, so: Die Mädchen, die offen der Prostitution (»Babystrich«) nachgehen, sind wesentlich stärkeren Kontrollen und größerer Aufmerksamkeit (auch durch andere Prostituierte) unterworfen und fallen deswegen offenbar vermehrt auf. Im übrigen gilt ihr Tun als verwerflicher als bei Buben. Mit anderen Worten: Die Dunkelziffer bei den mißbrauchten Buben muß um etliches höher angesetzt werden. Auch wenn die Öffentlichkeit dazu neigt, anhand der publik gewordenen Fälle Kindesmißbrauch oder Prostitution eher als ein Problem der Mädchen anzusehen.

Die Methoden der Täter

Sex mit Kindern, schreibt das Landeskriminalamt Stuttgart in seinem Jahresbericht 1990, »ist keine neue Zeiterscheinung. Es gab ihn zu allen Zeiten und in allen Kulturen. Neu ist lediglich die Tatsache, daß die Opfer endlich zu reden beginnen.« Nur so ist es möglich, endlich Beispiele für die Vorbereitung der Tat, deren Verlauf und die Empfindungen der Opfer zu bekommen. Mehrere Beispiele sollen zeigen, wie Täter heute vorgehen.

Aus den Akten der Polizei

». . . und da habe ich geschwätzt, daß mein Papa auch festgenommen wird . . . , weil er wollte mich ja im Wasser ertränken . . . Luft habe ich keine mehr gekriegt, wo er mich gewürgt hat . . . , dann wollte er mich noch mit einem Wurfmesser totmachen . . . , zum Glück bin hier . . . .« Dies ist ein Auszug aus der polizeilichen Befragung eines sechsjährigen Jungen im Krankenhaus. Die massiven Gewalteinwirkungen hatten erst ein Ende, als Polizeibeamte durch Zufall schwere Verletzungen des Kindes feststellten. Auge und Lippe waren sehr stark angeschwollen, Kinn und Hals grünblau gefärbt. Das daraufhin eingeleitete Ermittlungsverfahren ergab, daß das Kind kaum faßbaren Leiden ausgesetzt war. Sein ganzer Körper war durch Schläge blutunterlaufen und mit roten Striemen und Wundmalen übersät. Mutter und Lebenspartner hatten den Jungen aufs übelste gequält und massiv sexuell mißbraucht.

Der Junge gab an, daß er mit einem Seil gedrosselt, mit einer Wäscheleine geschlagen, in einer mit eiskaltem Wasser gefüllten Badewanne untergetaucht worden war. Immer wieder drohte ihm sein Stiefvater bei den Mißhandlungen an, daß er ihn umbringen werde.

Ebenso schilderte er detailliert verschiedene »Spiele« im Sexualbereich, bei denen er auf Anweisung der Eltern mitmachen mußte.

Während die Mutter zum Tatvorwurf des sexuellen Mißbrauchs lediglich angab, daß der Junge sie beim Geschlechtsverkehr schon beobachtet habe, ergaben die weiteren Ermittlungen, daß das Kind schmerzhafte Sexualpraktiken erdulden mußte. So wurde von beiden Partnern der Oral-, vom Stiefvater der Analverkehr mit dem Kind durchgeführt oder aber an den Geschlechtsteilen des Kindes massiv mit Gegenständen manipuliert.

Anhand der Aussagen des Kindes wurde deutlich, daß die häusliche Situation für den Jungen völlig unberechenbar war und er bereits mehrfach Todesängste ausgestanden hatte. Der Junge hätte offensichtlich keine Chance gehabt, dem Teufelskreis der Gewalt zu entkommen, wäre ihm nicht der Zufall zu Hilfe gekommen.

»Du wirst mit dem Spielzeug zufrieden sein«

Das zweite Beispiel stammt aus einem Dialog in einem Datennetz. Nach den geltenden Bestimmungen (siehe unten) ist jedes Gespräch dort wie ein Telefonat zu sehen und kann deshalb juristisch nicht belangt werden, da es dem Fernmeldegeheimnis unterliegt. Trotzdem wird dieser Dialog hier wiedergegeben, um deutlich zu machen, wofür hier das staatlich verbriefte Fernmeldegeheimnis mißbraucht wird:

»Daß was zustande kommt, ist kein Problem. Was suchst Du denn genau?«

»Na eine nette 11–13jährige. Kannst Du da was kriegen?«

»Wo bist Du denn her. Die Fahrt und alles mußt Du natürlich bezahlen.«

»Das ist klar. Ich wohne im Raum …, wo kannst Du sie denn hinbringen? Woher kommt sie denn?«

»Von meinen Freunden in Polen.«

»Und wie soll das Ganze ablaufen?«

»Ich komme mit dem Auto mit ihr. Ich muß sie natürlich am Bahnhof abholen.«

»Okay. Wie geht es jetzt konkret weiter?«

»Um alles klar zu machen, brauche ich drei Tage. Und Du mußt im voraus bezahlen.«

»Und was soll das kosten? Wie kann ich sicher sein, daß Du ehrlich bist?«

»Du mußt halt meinem Wort vertrauen. Die Hälfte, bevor ich sie abhole und die andere, wenn ich sie Dir abliefere.«

»Wieviel? Und wie lange kann ich sie dafür behalten?«

»500 Mark plus Spesen – für einen Tag.«

»Und wann geht es?«

»Du kannst sie am Mittwochmorgen am Bahnhof.... abholen und bringst sie am Donnerstagmorgen wieder an die gleiche Stelle zurück. Die Hälfte des Geldes muß ich vorher an meine Freunde bezahlen.«

»Wie kriegst Du das Geld?«

»Das Geld holt ein Freund von mir aus... bei Dir ab. Ihr könnt Euch anonym am Bahnhof treffen.«

»Einverstanden. Freitag 10 Uhr, Gleis... Geldübergabe. Mittwoch um 9 Uhr an gleicher Stelle das Mädchen.«

»Was für eine willst Du – schlankere oder reifere?«

»Schlanke.«

»Außer Mißhandlungen und SM (zur Erklärung: SM steht für sado-masochistische Praktiken) kannst Du alles mit ihr machen. Aber die Fahrt ist bei den 500 Mark noch nicht mit drin. Und die Spesen auch nicht.«

»Okay. Wann bist Du mit dem Mädchen wo?«

»Freitag, 10 Uhr: 250 Mark Anzahlung. Samstag 9 Uhr, gleiche Stelle übernimmst Du die Kleine. Noch mal: Keine Mißhandlungen, ansonsten Sex ohne Grenzen.«

»Klar.«

»Ich kann sie Dir aber nicht ohne Pfand überlassen. 1000 Mark, bis ich sie am Sonntag zurückhabe.«

»Sehe ich ein. Geht klar.«

»Also, alles klar, Du wirst mit dem Spielzeug zufrieden sein.«

Bizarre Bilder

Das nächste Beispiel soll zeigen, daß es bei den kinderpornographischen Bildern, die zum Beispiel über amerikanische Mailboxen verbreitet werden, keineswegs nur um harmlose Nacktaufnahmen Minderjähriger geht.

Die Fotoserie heißt »Japanese Schoolgirls« (japanische Schulmädchen). Unter dem Stichwort »Bizarr Files« (Bizarre Bilder) findet der Nutzer sie rasch. Auf dem ersten Bild ist ein Mädchen, höchstens zwölf, in Schulkleidung an eine Stange gefesselt, die Bluse aufgeknöpft, um den Hals ein eng gezerrtes Lederband mit einer Kette dran. Wenige Minuten später ist auch das zweite Bild abgerufen: Ein vielleicht 14jähriges Mädchen, dem man nackt die beiden Arme an die Unterschenkel gefesselt hat, so daß sie mit weit gespreizten Beinen wehrlos vor einem Mann liegt. Dieser hat Stahlklammern an den kleinen Brüsten befestigt. Teil drei der Serie zeigt ein ebenfalls junges Mädchen, dessen Körper eng mit einem starken Seil gefesselt ist. Es kniet auf dem Boden, während eine Peitsche auf den Körper saust. Mit entsprechender technischer Grundausstattung des eigenen PC sind sogar die Striemen auf der Haut zu sehen.

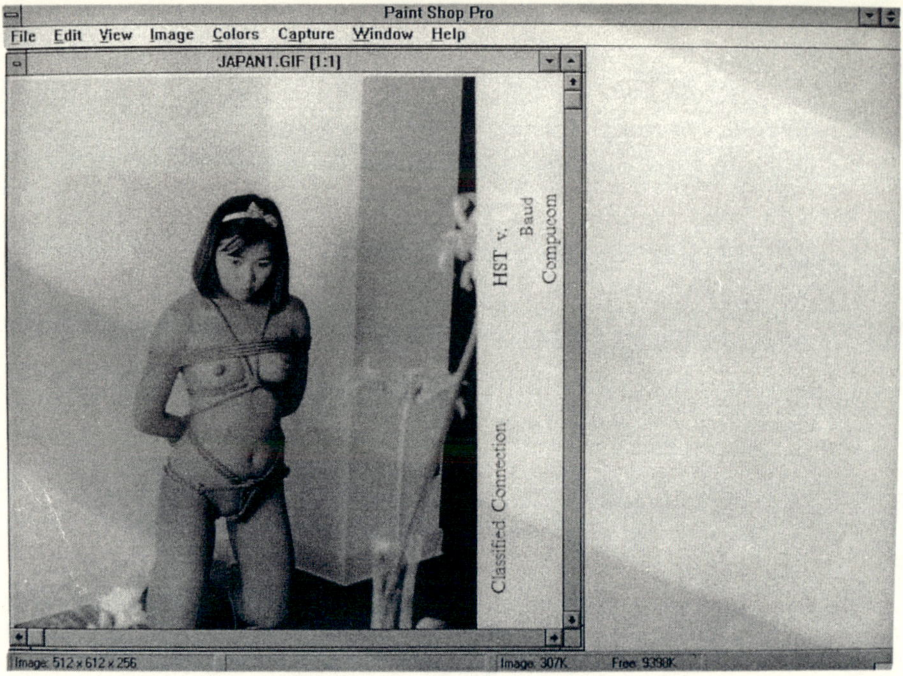

Aus einem Dialog in einem internationalen Netz:

> »Hier in Deutschland ist es eng geworden mit Kids. Fahr nach Thailand. Ich mach das jedes Jahr. Da kannst Du Dir für'n Appel und'n Ei aussuchen, was Du willst. Ich mach das immer so. Am ersten Tag hole ich mir was Hübsches, Junges und damit spiel ich dann einige Tage in meiner Ferienwohnung. Wenn sie nicht mehr funktioniert, tausche ich sie gegen ein neues Spielzeug um. Probleme gibt es nicht. Die Alten von den Kindern sind ganz geil auf die Mäuse.«

Die »Ware Kind«

Die »Ware Kind« ist gefragt, zum Verbrauch bestimmt, eine Art »nachwachsender Rohstoff«, wie es eine Expertin der Kampagne gegen Sextourismus und Menschenhandel formuliert hat. Dabei hat der Handel mit den kleinen Mädchen und Jungen offenbar längst das Maß der privaten Vermittlung überschritten und ist perfekt kommerzialisiert und organisiert worden. Derzeit vergeht kaum ein Monat, in dem nicht ein Menschen- oder Mädchenhändler-Ring auffliegt. Aber zuviele können ungestört weiterarbeiten, weil sie sich immer undurchsichtigerer Methoden bedienen.

Lange Zeit wurden Kinder über Zeitungsanzeigen vertrieben. So wurde schon 1912 von Arendt in der Untersuchung »Kleine weiße Sklaven« eine Auswertung von 41 Zeitungen vorgenommen. Dabei fielen in nur einem Monat 214 Inserate auf, in denen Kinder ohne Entgelt und 32 weitere Anzeigen, in den Kindern zum Verkauf angeboten wurden. Der Preis lag damals zwischen 200 und 2000 Reichsmark. Zugleich äußerten 227 Leserinnen Anzeigen den Wunsch, ein Kind zu kaufen. Die Motivation damals war allerdings überwiegend das Bedürfnis, die eigene Kinderlosigkeit durch Annahme eines anderen Kindes zu beseitigen.

An dieser Form des Kinderhandels hat sich, internationalen Studien zufolge, nichts geändert. Unter dem »Schutz« von offiziellen Adoptionswünschen verbergen sich nicht selten solche Erwachsene, die ausschließlich an der sexuellen Ausbeutung der Kinder interessiert sind. Professor Dr. Hans-Jürgen Albrecht, der im Auftrag des Bundesministeriums der Justiz den Stand des empirischen Wissens im Bereich des kommerziellen Handels mit Kindern Ende 1994 zusammenfaßte, zeigt zum Beispiel anhand einer Studie für die Jahre 1984 bis 1987 auf, daß allein in Norddeutschland 3200 Kinder aus der Dritten Welt zur Adoption nach Deutschland geholt wurden. Nur die Hälfte davon kam jedoch mit Hilfe staatlicher oder staatlich anerkannter Vermittlungsstellen in die Bundesrepublik. Alle anderen Kinder wurden mit höchst zweifelhaften Unterlagen, Biographien und über dubiose Kanäle ins Land gebracht. Bei 70 von 300 dieser Adoptionsfälle habe sich zudem gezeigt, daß es handfeste Hinweise auf »kommerzielle, illegale oder kriminelle« Hintergründe gegeben habe. Das sind immerhin 23 Prozent.

Aufgrund solcher Auswertungen stellte das Kinderhilfswerk terre des hommes Ende der 80er Jahren die Vermittlung von Adoptionen aus der Dritten Welt ganz ein. Terre-des-hommes-Referentin Christa Dammermann: »Wir mußten feststellen, daß unsere Ansprechpartner vor Ort uns nicht in jedem Fall die ganze Wahrheit über die Biographien der Kinder erzählt hatten.« Ursprünglich wollte man nur den wirklichen

Kriegsopfern und Waisen helfen, tatsächlich aber konnte nicht restlos ausgeschlossen werden, daß sowohl Gruppen vor Ort wie auch Adoptiveltern hierzulande wenig lautere Motive hatten. Dies darf und soll die Seriösität und den ehrlichen Kinderwunsch vieler Paare gar nicht in Frage stellen.

Allerdings bedienen sich Kinderhändler gerne solcher Wege, weil sie ihnen eine seriöse Fassade für ihre Machenschaften bieten. Anfang 1995 wurde in der Ukraine Kinderhandel im großen Stil aufgedeckt. Auch hier gab es, so die ukrainischen und russischen Behörden, unzweideutige Hinweise auf internationale Ringe, die neben Frauen in zunehmenden Maße auch Kleinkinder und Jugendliche nach Deutschland importieren. Ein Prostitutions-Experte der Kriminalpolizei: »Irgendwo müssen die ausländischen Kinder auf den Babystrichen ja herkommen.«

So wissen die Sicherheitsbehörden längst, daß die sogenannte Balkan-Route, die von der Türkei durch Jugoslawien Richtung Westeuropa führt, nicht nur trotz des Krieges in Jugoslawien ungehindert fortgeführt wird, sondern auch nicht mehr ausschließlich nur für den Handel mit Drogen funktioniert. Hier werden inzwischen auch Menschen verschoben. Allerdings unterliegt der Geschmack der Deutschen offenbar modischen Strömungen: Waren es früher in der Mehrzahl Filipinas, Thailänderinnen oder Mädchen aus Sri Lanka, die importiert wurden, boomt jetzt das Geschäft mit dem Osten.

Vor allem Polen, Rumänien und Tschechien gelten deutschen Pädophilen als kleine Oasen. »Gleich hinter der Grenze bei Dresden«, gibt ein »Kenner« im Datennetz kund, »kannst Du Dir auf der Straße aussuchen, was Du haben willst.« Und wer es nicht auf der Straße tun will, findet in den Kneipen und Gaststätten der größeren Städte willige Helfer, wurde gleich mehrfach empfohlen. Die »Einfuhr« nach Deutschland sei »völlig komplikationslos«. Wenn Erwachsener und Kind sagen, daß man zusammengehört oder man nur eine Bekannte zu Besuch holt, könne kein Grenzbeamter das Gegenteil beweisen. »Die sehen doch aus wie Du« hieß es via Internet von einem offenkundig erfahrenen »Experten« mit Standort irgendwo in Rumänien.

Dies zeigt, daß an die Stelle gefährlicher, weil leicht zu enttarnender Anzeigen in Zeitungen oder einschlägiger Pornoblättchen längst die moderne Datenkommunikation getreten ist, weil man hier praktisch unkontrolliert und gefahrlos Kontakte knüpfen kann. Die Gefahr, einem verdeckten Fahnder der Polizei zu begegnen, ist gering.

Insofern darf man davon ausgehen, daß Russinnen, Polinnen, Rumäninnen und andere derzeit nicht nur besonders fleißig deutsche Männer zwecks späterer Heirat suchen. Zahllose Beispiele belegen, daß sich internationale Händlerringe gerade an solche junge Frauen heranmachen, um sie als Prostituierte zu verkaufen. Und daß dabei, sozusagen ganz nebenbei, der deutsche Markt mit Kindern versorgt wird, bestätigen die Behörden vom Bundeskriminalamt über die Landesämter bis hin zu den Hilfsorganisationen.

Daneben ist der Handel mit Kindern aus der Dritten Welt nicht zum Erliegen gekommen. Diese verfügen nur offensichtlich noch nicht über die hochtechnisierten Vertriebsnetze wie in Europa. Dort bedient man sich eher herkömmlicher Methoden wie der schlichten Entführung von Kindern. Der im Jahre 1987 dem Europarat vorgelegte Bericht über Kinderhandel und andere Formen der Ausbeutung von Kindern zeigt übrigens deutliche Beziehungen auch zur Bundesrepublik Deutschland. Das Zentrum der darin geschilderten Fälle liegt in Lateinamerika, genauer in El Salvador und Guatemala. Die Gewinnspannen und die Struktur des Kindermarktes lassen sich demnach mit denen des Drogenmarktes durchaus vergleichen. So entdeckten die Strafverfolgungsbehörden im Februar 1987 ein Kinderheim mit 14 Kleinkindern, die von Banden entführt worden waren. Diese Gangs erhielten von den Betreibern des Lagers 50 Dollar als Honorar. Beim Weiterverkauf der Kinder wurden durchschnittlich Preise um die 20.000 Dollar erzielt. Dem Bericht zufolge wurden zwischen 1981 und 1986 mehrere Mädchen von Guatemala aus nach Deutschland verkauft.

Eine gängige Methode zur Umgehung aller staatlichen Kontrollen war bis Ende der 80er Jahre auch, sich in der Dritten Welt ein Kind dadurch zu beschaffen, daß man sich schlicht als dessen legitimes Elternteil registrieren ließ. Der in Genf 1989 vorgelegte Bericht »Defence for Children International« belegt am Beispiel Boliviens, daß dort ganz offensichtlich diese Methode gezielt angewendet wurde, um den Bedarf an Kindern zu decken. So wird aus Guatemala-Stadt berichtet, daß dort innerhalb eines Jahres 6 schweizerische, 8 französische, 15 spanische, 6 niederländische, 11 deutsche und 61 amerikanische Staatsbürgerinnen die Geburt eines Kindes haben registrieren lassen. Die Geburten sollen angeblich alle in Privatkliniken stattgefunden haben, die nicht der staatlichen Aufsicht unterliegen.

Auch wenn keineswegs in allen diesen Fällen auf Praktiken internationaler Kinderhändler geschlossen werden darf, so legt doch der Vergleich mit den Methoden der organisierten Kriminalität den Schluß nahe, daß hier ein nicht unerheblicher Prozentsatz von Menschen dabei ist, die Kinder schlicht zum Mißbrauch aufgekauft haben. Untersuchungen zeigen, daß bei Kindesentführungen zwischen 5 und 20 Prozent der Täter eindeutig das Ziel haben, Kinder zur Prostitution oder zur Pornographie zu zwingen.

Die Märkte

Deutschland

In der Bundesrepublik ist nicht nur die Prostitution von Minderjährigen, sondern auch seit 1993 der Besitz von Kinderpornographie verboten. Dennoch schätzen Experten den harten Kern derer, die ständig Kinderpornographie konsumieren, auf 30.000 bis 40.000. Die Branche macht inoffiziellen Schätzungen zufolge derzeit einen Umsatz von 400 Millionen Mark im Jahr. Hinzu kommen natürlich noch rund 50 Milliarden im Jahr, die insgesamt bei der Prostitution umgesetzt werden. Zum Vergleich: Der Daimler-Benz-Konzern setzte 1993 zehn Milliarden weniger um.

Diese Zahlen scheinen dennoch das Problem auf einen angeblich überschaubaren und relativ kleinen Kreis zu reduzieren. Sie verschweigen aber die Vielzahl derer, die nicht enttarnt werden und ihre sexuellen Wünsche innerhalb der Familie oder weit weg im Ausland ausleben. Ein ehemaliger Beamter der amerikanischen Bundespolizei FBI mit dem Spezialgebiet DFÜ-(Daten-Fernübertragung)Kriminalität, der seinen Namen nicht nennen kann, kennt die andere Seite der Medaille: »Der deutsche Freak-Markt ist durch eine sehr rigide Gesetzgebung für den offiziellen Handel behindert und sucht einen Ausweg. In den Vereinigten Staaten dagegen ist das Angebot wortwörtlich schrankenlos. Dazu kommt, daß gerade die deutsche Mailbox-Szene sehr aktiv im Gebrauch von illegal beschafften Calling-Card-Nummern ist. Damit können auf Kosten des Karteninhabers, für den Unberechtigten also kostenfrei, Telefonverbindungen über den Atlantik hergestellt werden.« Mit anderen Worten: Da lassen sich relativ preisgünstig die pornographischen Bilder austauschen.

Tatsächlich stellen die Deutschen auf der Datenautobahn einen großen Anteil, US-Mailbox-Kenner sprechen sogar ganz ungeschminkt vom »besten Abnehmer Deutschland«.

Bei den Recherchen gab es zahlreiche Hinweise darauf, daß »heißes Material« von offenbar organisierten und professionellen Anbietern aus der Bundesrepublik während der Nacht in amerikanische Mailboxen eingespeist wurde, damit sich die Deutschen am nächsten Morgen an optischer Frischware ergötzen konnten. Eine Masche, die übrigens auch umgekehrt funktioniert: Da werden aus deutschen Boxen Kinderpornos abgerufen, im Ausland auf CD-Datenträger gepreßt und dann wieder importiert. Kenner wissen, daß sie keineswegs nur in den Pornoläden (und dort in der Ecke für über 18jährige) fündig werden. Nicht wenige Erotik-CD-ROM in seriösen Kaufhäusern enthalten irgendwo in der kaum überschaubaren Auswahl auch Kinderpornographie.

Dabei braucht man eigentlich gar nicht so weit in die Ferne schweifen. Auch in der Schweiz ist der Besitz von Kinderpornographie nicht strafbar. Und da der schweizerische Bildschirmtext vom deutschen Telekom-Netz aus mit einem Knopfdruck erreichbar ist, können sich hiesige Pädophile im deutlich größeren und direkteren Angebot unserer Nachbarn umsehen. Nicht anders ist es mit den Niederlanden. Skandinavien – und dort vor allem Dänemark – produziert ein Großteil der Filme, Videos und Bilder, die hierzulande reißenden Absatz finden.

Der Kontakt zwischen Vertreiber und Interessenten ist dabei keineswegs so schwierig wie viele glauben. Im deutschen Netz gibt es immer mehr Anbieter, die nicht nur deutschen Verbalerotikern Freiräume zum Austoben bieten, sie schalten Gleichgesinnte aus der Schweiz und aus den Niederlanden gleich dazu. Auf diese Weise ist es für den, der Bescheid weiß, nahezu ohne Hindernisse möglich, Bestellungen zu tätigen bzw. Kontakte zu Herstellern von Kinderpornographie zu knüpfen. Die Recherchen zeigten, daß man lediglich etwas Geduld braucht, alles andere ergibt sich – häufig sogar sehr rasch.

Hinzu kommt, daß die Datennetze zu einem florierenden Handel mit selbst hergestellten pornographischen Videos benutzt werden. Über diese Schiene werden auch zahlreiche Kinderpornos vertrieben. Oder man erhält »gute Tips«. So zum Beispiel den Tip auf einen Versandhandel in Würzburg, der mit Hilfe seines 360-Seiten-Kataloges Bücher, Bilder und Videos aus allen Bereichen anbietet – inklusive Pornographie mit Minderjährigen. Zwar sind die Darstellerinnen, die dort als Teenies verkauft werden, keineswegs immer unter achtzehn Jahren. Aber allein Titel wie »Teenies Total« oder »Sexbesessene Lolitas« sowie »Frisches Fleisch« (aus der Video-Serie »Teddybär«) signalisieren doch zumindest, daß Sex mit Minderjährigen angeboten werden soll und zwar dem Kunden, der »naive Flittchen« oder die »wilden, jungen Schnecken« sucht. Bleibt zu ergänzen, daß im Angebot auch mehrere bebilderte Führer »Baby-Strich-Orte« nicht fehlen.

Auch beim modernen Menschenhandel ist die Bundesrepublik mit dabei. 1993 wurden fast 55.000 Frauen und Mädchen als Prostituierte nach Deutschland »importiert«. Spezialisten für das Einschleusen übernehmen für 3500 bis 7000 Mark pro Kopf die Aufgabe, die Frauen und Mädchen vor allem aus dem ehemaligen Ostblock in die Bundesrepublik zu holen. Allein in diesem Bereich dürften 1994 rund zehn Milliarden Mark Umsatz gemacht worden sein.

Offenkundig werden immer wieder nur wenige Einzelfälle, die enttarnt werden können. Anfang Februar 1995 zerschlug die bayerische Polizei einen vietnamesischen Mädchenhändlerring. Opfer waren Frauen, vor allem aber minderjährige Mädchen aus Tschechien, die angeworben, für bis zu »3000 Mark je Stück« gekauft und über die Grenze gebracht wurden. Die Täter, so die Polizei weiter, hätten im Freistaat Bayern illegale Liebesnester aufgebaut, in denen die Frauen nach Bedarf vermittelt wurden. 15 bis 20 Freier pro Nacht, so die Polizei, hätten die 16- und 17jährigen Mädchen »abarbeiten« müssen. Die Freier hätten die jungen Mädchen auch für 2000 bis 3000 Mark mieten können. Nach einiger Zeit wären die Frauen, die von ihrem Liebeslohn nichts zu sehen bekommen hätten, wieder in ihre Heimat nach Tschechien zurückgebracht worden.

Ein Münchener Staatsanwalt sprach bereits von »Prostitution in einer ganz neuen Dimension«. Da das Geschäft schon mal lief, hatte sich die Gang noch weitere Standbeine geschaffen: Man handelte auch mit Waffen, Drogen und falschen Ausweispapieren.

Das ist bei weitem nicht der erste Fall dieser Art. Seit Oktober 1994 hat die bayerische Polizei mehrfach junge Mädchen beim Grenzübertritt aus Tschechien stellen können, die ganz offensichtlich für die »Szene« bestimmt waren. Das sächsische Landeskriminalamt geht davon aus, daß in den Grenzregionen zu Deutschland rund 70.000 Prostituierte aus vielen osteuropäischen Staaten anschaffen gehen. Und der Schnitt wird immer jünger. In einigen Bordellen westdeutscher Großstädte sind »fast nur noch Frauen und Mädchen aus Osteuropa tätig«, bestätigt der Chef des Milieu-Dezernates beim Hamburger Landeskriminalamt, Armin Kaden. Auf den Truckerrouten sind minderjährige Russinnen bereit, die – wie es im Branchenjargon heißt – »Fünf-Minuten-Terrine« schon für 20 Mark zu »servieren«.

Da kann es nicht verwundern, wenn die organisierte Kriminalität angesichts zunehmenden Fahndungsdrucks der Sicherheitsbehörden vom

Straßenstrich auf die Datenautobahn wechselt. Zumal wenn es um Nachschub für ungewöhnliche Praktiken geht. Schließlich wollen die Kunden keineswegs nur den sanften Sex.

Das vielleicht erschreckendste Beispiel dafür fiel der Schweizer Polizei Anfang 1993 in die Hände, als sie einen 38jährigen Computerexperten festnahm, der ein kleines Rechnerimperium aufgebaut hatte. Da der Besitz von Kinderpornos dort – wie gesagt – nicht strafbar ist, hatte sich der Geschäftsmann über das dortige Bildschirmtext-Netz Kunden und Kinder gesucht. (Noch bis vor kurzem konnten im Schweizer Datensystem ungehindert Anzeigen wie »Lolitas nur an Sados zu vermieten« erscheinen.)

Im Amsterdamer Haus des Schweizers fand die Polizei Beweismaterial: Videos, die der Verhaftete selbst gedreht haben sollte, in denen Kinder auf brutalste Art gefoltert wurden. Jüngstes Opfer war ein acht Monate altes Baby, das mit Elektroschocks gequält wurde. Der Züricher Staatsanwalt teilte übrigens später nüchtern mit, die Kinder hätten überlebt. Die Kinder stammten von einer drogenabhängigen Mutter, die der mutmaßliche Täter in seine Obhut genommen hatte. Die holländischen Fahnder entdeckten weiter Waffen, medizinisches Besteck, Elektroschockgeräte, Peitschen und Spritzen. Außerdem wurde ein Aquarium mit Piranhas sichergestellt. Die mitbeschuldigte Freundin des Schweizers erzählte, man habe ihnen Leichenteile verfüttern wollen.

Auch wenn solche Fälle extrem scheinen – in der Datenwelt finden sie täglich zu Tausenden statt. Die Dialoge haben jedes Tabu und jede Grenze längst hinter sich gelassen. Sie wiederzugeben gestattet nicht einmal das Bemühen, in einem Buch über die gängigen Praktiken aufzurütteln. Dabei gibt es auch in der bundesdeutschen Realität längst Praktiken, die eigentlich elektrisieren müssen. Die Pornobranche, beschreibt die Fachfrau Ursula Endres in ihren Büchern, macht sich nämlich bei der Beschaffung der Opfer längst nicht mehr selbst die Hände schmutzig. Man hat Helfershelfer an der richtigen Stelle plaziert, die entweder freiwillig oder, weil erpressbar geworden, unter Zwang mithelfen. Neben der Vermittlung kindlicher Darsteller durch Eltern über Annoncen und Agenturen werden häufig kleine Opfer über ältere Kinder beschafft, die als Schlepper gegen Bezahlung ihre kleineren Freundinnen und Freunde anwerben. »Notfalls hilft Druck: Wenn du keinen Freund mitbringst, dann nehmen wir deine kleine Schwester« zitiert Endres und nennt dann folgendes Beispiel dafür, daß sich die Branche gezielt Helfer aus dem Bereich der pädagogischen, medizinischen und sozialarbeiterischen Berufe beschafft:

»Tina lebte von klein auf außerhalb ihrer Familie. Nach einer ›klassischen‹ Heimkarriere über verschiedene Stationen erfuhr sie über einen Kumpel von einer Unterkunftsmöglichkeit für Trebegänger. Thommy, ein Sozialarbeiter, der in dieser Einrichtung auch selbst wohnte, war auch erst einmal ›schwer in Ordnung‹ und vermittelte in Konflikten zwischen Jugendlichen und deren Heimerziehern. Tina besuchte Thommy öfters, ›fand das alles saugut‹. Schon an der Wohnungstüre klebten ›geile‹ Aufkleber – wie zum Beispiel ›Kinder an die Macht‹. In der Wohnung gab es zahlreiche Scherzartikel, z.B. war ein Lachsack in die Kühlschranktür eingebaut. Thommy spendierte Orangensaft, Zeitschriften ... oder lud zum Kneipenbesuch ein. Das Mädchen fühlte sich wahrgenommen und genoß die Abwechslung gegenüber dem strengen geregelten Heimalltag. Nach einigen Besuchen war sie von Thommys Verhalten jedoch peinlich berührt. Der Sozialarbeiter pinkelte in ihrem Beisein ins Waschbecken. Das Mädchen war sprachlos und wagte es nicht, etwas dagegen zu sagen. Jahre später wertete sie dieses Ritual als Test: Hätte sie damals die Möglichkeit gehabt, sich zu wehren, so hätte Thommy womöglich die Finger von ihr gelassen. Da sie jedoch keinen aktiven Widerstand leisten konnte, war sie für ihn ein ›geeignetes‹ Opfer. Langsam steigerte Thommy die Formen der sexuellen Gewalt. Dabei assistierte ihm zum Teil ein junger Mann, der früher selbst als Jugendlicher in dieser Einrichtung Schutz gesucht hatte.

Tina wurde vergewaltigt, mußte sich Gewaltpornos ansehen und miterleben, wie andere Jugendliche gefesselt und auf sadistische Weise gequält wurden. Als schlimmste Erlebnisse bezeichnet das Mädchen die Produktion von Pornofilmen, in denen Gruppenvergewaltigungen unter Jugendlichen stattfanden. Das Filmmaterial führte Thommy anschließend seinen Opfern vor: ›Damit ihr seht, was ihr gemacht habt. Wenn ihr den Mund aufmacht, dann seid ihr selber dran. Zudem glaubt euch sowieso keiner. Eher landet ihr in der Psychiatrie.‹ Der ›Sozialarbeiter‹ offenbarte zudem eine besondere Vorliebe für Gewaltpornos mit Babys.«

So ist es kein Wunder, daß die Experten der Szene beim Konsum von Pornographie so etwas wie eine suchtähnliche Struktur sehen: Was heute den Reiz ausmachte, ist morgen langweilig. Man braucht mehr, einen neuen »Kick«. Lange Zeit galten auf dem Markt Pornos mit asiatischen Mädchen und Jugendlichen als »in«. Daran hat sich die deutsche Pädophilenszene offenbar sattgesehen. Derzeit sind Produkte mit behinderten Mädchen und Jungen gefragt.

Kooperation der Pornohändler mit den Satanisten

Zu den besonderen Perversitäten der Szene, die in Deutschland, aber keineswegs nur dort, Kinder mißbraucht, gehört der Schulterschluß zwischen Satanisten, Pornoproduzenten und Kinderhändlern. Zwar ist Prostitution zu pseudoreligiösen Zwecken keineswegs eine Erscheinung der Neuzeit, aber die Kombination von systematischer Vergwaltigung, Prostitution, Drogen sowie Folterungen und Hinrichtungen als satanisches Ritual ist schon eine vergleichsweise junge Erscheinung, wie nicht zuletzt Margret Smith in ihrem gerade erschienen Buch »Gewalt und sexueller Mißbrauch in Sekten« belegt.

Meist bleiben solche Querverbindungen unentdeckt, weil die Sicherheitsbehörden in der Regel bei den Recherchen über Hintergründe keine Sektenspezialisten hinzuziehen. Selbst dann wäre es schwierig, weil nicht wenige Sekten über Einfluß bis in höchste gesellschaftliche Sphären haben, in einigen Fällen wurden auch Mediziner integriert, die, falls doch mal ein kindliches Opfer den Mund aufmachte, mit den passenden, seriösen Gutachten über den Geisteszustand aufwarten konnten.

Ursula Endres hat in in ihrem Buch »Sexueller Mißbrauch von Kindern und Jugendlichen« jene Phänomene aufgelistet, die Beraterinnen und Beratern – und zwar hierzulande – wiederholt aufgefallen sind:

- Mädchen und Jungen werden in satanischen Ritualen mit Hilfe von Hypnose und Drogen in einen Trancezustand versetzt, so daß sie selbst manchmal am Realitätsgehalt ihrer Erinnerungen zweifeln.
- Tatorte sind neben Kultstätten im Freien (Wälder und Ruinen) auch (öffentliche) Gebäude, in denen niemand »so etwas« vermuten würde (z.B. Kirchen oder Kellergewölbe, mit Lärmschutz ausgestattete Räume bis hin zu ganz normalen Räumlichkeiten öffentlicher Einrichtungen).
- Spezielle Kulträume sind schwarz ausgestattet und mit Symbolen des Teufels dekoriert (z.B. umgedrehte Kreuze).

- Mit Theatertechnik werden Licht- und Toneffekte erzielt (z.B. Nebelschwaden mit bengalischem Licht oder Trockeneis).
- Die Zahl 666 ist die Zahl des Teufels. Sektenmitglieder verwenden sie z.B. als Kfz-Kennzeichen.
- Die Zeichen des Teufels werden den Kindern eingebrannt (z.B. 666, ein umgekehrtes Kreuz unterhalb des Haaransatzes, hinter dem linken Ohr).
- Fingernägeln und Haaren kommen eine besondere Bedeutung zu.
- Mädchen und Jungen werden in satanischen Ritualen nicht nur von Erwachsenen gequält und mißbraucht, sondern die Kinder werden ebenso gezwungen, diese Handlungen untereinander zu praktizieren.
- Innerhalb der schwarzen Messen werden Tiere und Babys geopfert. Von seiten der Polizei wird dieser Punkt, zumindest für Deutschland, angezweifelt. Obwohl sich auch hier in jüngster Zeit Morde, die vordergründig reine Sexualdelikte zu sein schienen, im nachhinein als Ritualverbrechen herausgestellt haben. Dabei benutzen die Satanisten oftmals Kinder als Werkzeug, d.h. Mädchen und Jungen werden unter Hypnose, Drogen und/oder Druck dazu gezwungen, Tiere und Babys zu töten, die Organe zu essen und das Blut zu trinken.
- Bei manchen Ritualen werden Tiere und Babys von Kampfhunden zerfleischt.
- Oftmals werden Kindern abgehackte Glieder (z. B. Finger von Babys) gezeigt, um sie an die »eigene Tat« zu erinnern bzw. ihnen Angst zu machen.
- Kinder, die aussteigen wollen und Dritten gegenüber sprechen, werden mit »ihren« Taten erpreßt und so oder über andere massive Drohungen erneut zum Schweigen gebracht.
- In der Regel werden die Gebeine der Mordopfer verbrannt und die noch verbleibenden Überreste anschließend in Wäldern vergraben. (Kultstätten haben oftmals eine Feuerstelle. Dies kann ein Kaminfeuer sein!)
- Kinder werden gezwungen, Urin zu trinken und Kot zu essen.
- Sektenangehörige benutzen ihre Söhne und Töchter aus dem sozialen Umfeld. Diese werden z.T. über ältere Kinder »angeschleppt«, die sich z.B. als Babysitter andienen. Andere Zugangsmöglichkeiten zu Kindern bestehen über berufliche Tätigkeiten (in einer Schule, im Kindergarten, Jugendheim etc.)

- Kinder, die ohne Wissen ihrer Eltern ausgebeutet werden, werden häufig mit Morddrohungen gegen die Eltern oder Geschwister erpreßt.
- Einige Sektenangehörige verkaufen ihre Töchter und Söhne zudem für Pornoproduktionen oder schicken sie auf den Kinderstrich (»Bräute des Satans« müssen z.T. als jugendliche Dominas »ihr Geld« verdienen).

Das Thema gehört nicht zuletzt deswegen hierher, weil sich satanistische Treffs inzwischen auch in den Datennetzen breitmachen. Dabei gibt es regelmäßige Zeiten, in denen sich die Mitglieder meist auf den sogenannten offenen Konferenzen begegnen, um nach neuen Opfern Ausschau zu halten. Andere Dialogteilnehmer werden mit massivsten Drohungen vertrieben und abgeschreckt. Desweiteren bedienen sich die Satanisten geschlossener Benutzergruppen, zu denen lediglich Mitglieder Zutritt haben. Auch dort werden dann schwarze Messen vorbereitet bzw. die Organisation neuer Opfer abgesprochen.

Ferien mit Kindersex

Zur Bestandsaufnahme des deutschen Marktes gehört aber nicht nur die Prostitution und Pornographie von und mit Kindern im Lande, sondern ebenfalls die im Ausland. Seit 1974 ist das Phänomen bekannt, daß sich deutsche Reisende – es handelt sich ja keineswegs immer nur nur um Touristen, sondern auch um Geschäftsleute – ihre Ziele unter dem Gesichtspunkt aussuchen, wo sie ihre sexuellen Bedürfnisse möglichst problemlos ausleben können. Die »Bumsbomber« nach Bangkok waren gleichsam die Trendsetter. Reisten 1985 noch 99.768 Bundesbürger nach Thailand, waren es sechs Jahre später schon 257.031. Vergleichbare Steigerungsraten melden die Philippinen und andere Gebiete. Die Spitze stellt die Dominikanische Republik dar: Die Zahl der Reisenden dorthin explodierte von 3725 im Jahr 1985 auf 160.000 im Jahr 1993. Eines von insgesamt vier Ländern mit dem höchsten Anteil an sogenannten »Baby-Prostituierten«.

Zu der Frage, wie hoch der Anteil derer ist, die vorrangig oder gar ausschließlich zum Sex anreisen, gibt es widersprüchliche Antworten.

Bezogen auf Thailand sprach beispielsweise noch 1990 ein Sprecher der TUI davon, daß »90 Prozent normale Bade- und Kulturreisende« seien. Die Expertinnen der »Aktionsgemeinschaft gegen internationale und rassistische Ausbeutung« (agisra) greifen thailändische Schätzungen auf. Demnach kommen bis zu »80 Prozent der männlichen Touristen ausschließlich oder unter anderem wegen des bekannten Nachtlebens nach Thailand, gleichzeitig sind 70 Prozent der Thailandreisenden Männer«. Auf diese Weise kommt man beispielsweise für 1990 auf rund 120.000 Deutsche, die ausschließlich wegen des Sex nach Thailand gereist sind.

Dieses Bedürfnis haben die Reiseveranstalter im übrigen massiv gefördert, indem sie entweder durch Abbildungen oder durch entsprechende Beschreibungen der Reiseziele in ihren Katalogen die Bedürfnisse der deutschen Männerwelt ansprachen. Noch 1994 sah sich die österreichische Fluggesellschaft Lauda Air gezwungen, eine satirisch gemeinte, aber völlig mißlungene Cartoon-Postkarte aus ihren Bordbüchern zu entfernen, auf der es hieß: »Die Weiber in Bangkok warten schon.«

Erst die Kampagne von terre des hommes gegen Kinderprostitution und Sextourismus hat zu einer Wende geführt. Inzwischen erklären sich immer mehr Reiseveranstalter bereit, in ihren Katalogen auf ganzen Seiten über die sozialen Hintergründe der sich prostituierenden Kinder in der Dritten Welt aufzuklären und vor Ort sicherzustellen, daß nicht schon im Ferienhotel der Gast unter einheimischen Kindern auswählen kann.

Ob dies den Drang der Deutschen ins Ausland brechen kann, wagen Experten zu bezweifeln. Das Bundesministerium für Gesundheit hat Anfang 1995 eine umfassende Studie zum Thema »Aids, Sex und Tourismus – Ergebnisse einer Befragung deutscher Urlauber und Sextouristen« vorgelegt. Darin wird unzweideutig festgestellt, »daß zumindest eine spezifische Teilgruppe von Sextouristen – speziell pädophile Männer – Kinder und Jugendliche beiderlei Geschlechts mißbrauchen, sei es, um die hierzulande strafrechtsrelevanten Handlungen vergleichsweise unkontrolliert im Ausland praktizieren zu können oder sei es, weil Sex mit minderjährigen, sexuell noch unerfahrenen Mädchen und Jungen zynischerweise auch als ›Schutzstrategie vor HIV-Infektionen‹ gewählt wird.«

Die Umfrageergebnisse unter deutschen Sextouristen belegen, daß von 200.000 bis 400.000 Reisenden aus der Bundesrepublik rund 5000 Fälle von Prostitution mit Minderjährigen errechnet wurden. Das scheint auf den ersten Blick eher wenig zu sein. Allerdings ergänzten die Autoren der Studie diese Zahl mit dem vielsagenden Hinweis, daß es sich hier um Selbstangaben der Befragten handelt. Häufig hätten die Interviewerinnen bei der Befragung nämlich den Eindruck gehabt, daß die Mädchen oder Jungen an der Seite der Reisenden deutlich jünger gewesen seien als später im Fragebogen vermerkt.

Zahlenmäßig stellte sich, auch das sind wiederum Selbstangaben, heraus, daß

- 2,9 Prozent der Männer Kontakt zu 16jährigen oder jüngeren Frauen gehabt haben wollen,
- 8,4 Prozent mit 17- bis 18jährigen und
- 88,7 Prozent mit Frauen, die 19 Jahre oder älter waren.

Als Gründe nannten diejenigen, die Intimkontakte mit Mädchen bzw. jungen Frauen hatten:

- »weil ich hier Sex mit besonders jungen Frauen bzw. Mädchen haben kann« ,
- »weil ich mich freier fühle im Ausleben meiner sexuellen Wünsche«,
- »weil man alles bekommen kann, was man will«.

Zum Gesamtbild gehört zweifellos auch, daß die Männer, die im Verlaufe ihres Aufenthaltes mit jüngeren Frauen Sex hatten, im Vergleich zu denen, die »nur« mit älteren Frauen geschlafen hatten,

- mit deutlich mehr Frauen Kontakte hatten (im Schnitt zu 7,7 Frauen),
- nach eigenen Angaben in ihre Partnerin nicht verliebt waren
- und auf keinen Fall ein Wiedersehen planten.

Im übrigen waren die Männer, die mit einem Mädchen bis 16 Jahren geschlafen hattten,

- deutlich älter als die Mädchen,
- bevorzugten andere Sexualpraktiken (wie Sado-/Masochismus)
- und forderten deutlich häufiger als alle anderen Sextouristen Analverkehr.

Fazit der Studie: »Die Suche nach einer Partnerschaft und emotionaler Nähe, die für eine beträchtliche Gruppe von Sextouristen handlungsweisend war, spielt für Männer, die Sex mit Minderjährigen und sehr jungen Frauen haben, nur eine sehr nachrangige Rolle. Bei ihnen stand das *selbstbezogene Ausleben sexueller Wünsche* im Vordergrund. Sie erkaufen sich im Urlaub auf Kosten der minderjährigen Mädchen die Befriedigung von sexuellen Vorlieben, die sie im eigenen Herkunftsland nicht oder nur sehr viel schwieriger ausleben können.«

Die Bestandsaufnahme des deutschen Marktes kann also keineswegs nur auf Babystriche und Stundenhotels sowie verbale und tatsächliche Erlebnisse im deutschen Datennetz beschränkt bleiben. Im Gegenteil: Bundesdeutsche Pädophile stellen einen beträchtlichen Anteil der Kunden, die im In- und Ausland ständig auf der Suche nach »Frischfleisch« oder pornographischem Material sind. Sie stellen in der Dritten Welt mit den Amerikanern eines der größten Kundenkontingente, und sie gehören zu den eifrigsten Anrufern bei einschlägigen Mailboxen – egal, wo sich diese auf dem Globus befinden.

Zur Befriedigung dieser Nachfrage reicht der Markt an Baby-Prostituierten aus dem Inland, die von den eigenen Eltern zum Mißbrauch freigegeben werden, längst nicht mehr aus. Im großen Stil schaffen organisierte Banden aus dem Ostblock und nach wie vor der Dritten Welt Nachschub für den deutschen Binnenmarkt heran, wo die Kinder regelrecht verbraucht und dann weggeworfen werden. Und da die organisierte Kriminalität an einer möglichst hohen Effektivität ihrer Investitionen interessiert ist, sucht sie nach ständig neuen Wegen, ihre Ware risiko- und damit verlustloser an den Mann zu bringen. Dabei kommt ihr die moderne Telekommunikation gerade recht. Da die Kontrollen miserabel sind, die Gesetze vor Lücken nur so strotzen und die Sicherheitsbehörden erst langsam die technischen und rechtlichen Mittel für Polizeistreifen auf der Datenautobahn bekommen, ist der Verkehr dort geradezu störungsfrei. Hinzu kommt, daß hinter der Fassade staatlicher Einrichtungen und angeblicher staatlicher Aufsicht die Freiräume für ungestörte Verbreitung pornographischer Angebote weidlich genutzt werden. Die Anbieter lassen für die Anonymität der Geschäfte reichlich Platz und die Technik wurde so ausgeprägt, daß kein Laie die Geschäfte stört. Wer zum Beispiele über das Internet pornographisches Material verbreitet, muß keine Angst vor neugierigen Blicken haben. Denn die Bilddaten werden zur Verringerung der Übertragungszeiten und -kosten komprimiert verschickt. Am anderen Ende kommt auf den ersten Blick eine ganz normale Datei an. Nur der Experte weiß, daß diese Datei an ihrem Ende einen Code enthält, mit dem man die ganzen übrigen Bits entpacken und zu einem üblichen pornographischen Bild wieder zusammensetzen kann.

Es sage niemand, dies sei nur etwas für einen kleinen Kreis, den man ruhig übersehen könne. Als die Frauenzeitschrift »Emma« Anfang der 90er Jahre über frauenverachtenden Sex im Internet berichtete, gingen zahlreiche engagierte Studentinnen an ihren Universitäten daran, den männlichen Kommilitonen auf die Finger und in den Datenbanken auf die Festplatte zu schauen. Kurze Zeit später sahen sich die Rektoren zahlreicher deutscher Hochschulen mit bestem Ruf Enttarnungen ausgesetzt. Wo man nur Goethe, Pythagoras oder wissenschaftliche Abhandlungen über den Aufbau menschlicher Gene vermutet hatte, entdeckten Studentinnen zum Beispiel Rezepte, Zeichnungen und Abbildungen, wie man Frauen am effektivsten quält oder Kinder am problemlosesten mißbraucht.

Kinderpornographie und Kinderprostitution sind in Deutschland kein Minderheitenprogramm.

Europa

Das vielbeklagte Europa der Nationen gibt es leider auch auf dem Gebiet von Kinderpornographie und -prostitution. So ist bis heute in den Mitgliedsstaaten der Europäischen Union nicht einmal Einigkeit darüber erzielt worden, was nun eigentlich unter den Begriff der »Pornographie« fällt.

Fast traditionell gestatten die skandinavischen Länder sowie die Niederlande ihren Bürgern da deutlich größere Freiheiten als andere. Nach Erkenntnissen von Interpol in Lyon sind Schweden und Dänemark die weltweit größten Hersteller und Lieferanten von Kinderpornographie. In zahllosen professionellen und Amateur-Studios werden Filme, Videos, Disketten und Magazine hergestellt und von dort aus vertrieben. Die Vereinigten Staaten stehen als Abnehmer an erster Stelle.

Seit einigen Jahren versucht die schwedische Regierung ihre Maßnahmen gegen Kinderprostitution auszuweiten. Als äußeres Zeichen wird nicht zuletzt die Bereitschaft gesehen, 1996 den Internationalen Kongreß gegen Kinderprostitution auszurichten, an dem Regierungen und Nicht-Regierungsorganisationen teilnehmen werden.

Die Niederlande gelten als der wichtigste europäische »Umschlagplatz« für Teenager aus Asien, Lateinamerika und Afrika. Allein im Land selbst wird die Zahl der Kinderprostituierten auf über 1000 geschätzt. Die Pornoindustrie hat einen regelrechten Sklavenmarkt organisiert: Auf Auktionen werden Kinder anhand von Fotos an die Porno-Industrie verkauft. Die importierten Mädchen werden häufig unter Drogen gesetzt, damit sie problem- und widerstandslos innerhalb Europas weiter verteilt werden können.

In Belgien hat das Parlament vor einigen Jahren härtere Gesetze erlassen, die der Polizei beim Kampf gegen die Kinderpornographie und -prostitution helfen sollen. Dies hat dazu geführt, daß nicht wenige Hersteller und Lieferanten in das benachbarte Holland auswichen.

Auch in Frankreich ist Sextourismus verbreitet. In den vergangenen Jahren hat es dort eine breite Kampagne gegeben, der sich schließlich Regierungsbehörden, mehrere Ministerien, Reise- und Fluggesellschaften angeschlossen haben. Französische Männer reisten ebenfalls bevorzugt nach Fernost, um dort jüngere Prostituierte aufzusuchen. Zahlreiche Veröffentlichungen belegen, daß der Konsum an Kinderpornographie sowie an Kindern zur Prostitution mit dem in Deutschland vergleichbar ist. Polizeiexperten haben hier schon vor Jahren auf die Gefahren durch das französische Pendant zum Datex-J-Netz, dem Telenet, verwiesen, das gegenüber dem deutschen Netz den Vorteil hat, nahezu kostenlos zu sein.

Zahlreiche andere europäische Staaten haben versucht, dem Problem mit Hilfe schärferer Gesetze beizukommen. Viele versuchen das Problem der Kinderprostitution allerdings gänzlich unter den Teppich zu kehren. Das belegt nicht zuletzt Interpol selbst. Nach vielen Anläufen kam es 1988 zum ersten Symposium über Menschenhandel. Auf der Teilnehmerliste standen 19 Nationen aus fünf Kontinenten: Australien, Belgien, Bundesrepublik Deutschland, China, Frankreich, Großbritannien, Indien, Irak, Luxemburg, Mali, Niederlande, Norwegen, Saudi-Arabien, Schweiz, Senegal, Spanien, Thailand, Tunesien und die Vereinigten Staaten. Das Ergebnis, wie es in der »Internationalen Kriminalpolizeilichen Rundschau« veröfffentlicht wurde, klingt fast banal: »Die Teilnehmer des Symposiums waren sich alle darin einig, daß bezüglich

Menschenhandel und Zuhälterei ein weltweiter Anstieg zu verzeichnen ist. Die Diskussionen bestätigten denn auch die Existenz von organisierten Syndikaten.«

Derart beiläufig wurde viel zu lange mit dem Thema Menschenhandel umgegangen, hinter dem sich der Handel mit Kindern ja verbirgt. Als 1989 in Lyon der erste Interpol-Arbeitskreis zum Thema Prostitution stattfand, waren aus ganz Europa angeblich 54 Fälle bekannt. Laut Statistik der Uno aus Asien, dem Mittleren Osten, Afrika und Lateinamerika nur sechs Fälle. Abgesehen davon, daß zahlreiche Polizeistationen auf der unteren Eben notorisch unterbesetzt sind und unter chronisch miserabler technischer Ausstattung leiden, gibt es auch noch einen anderen Grund: Die Frage, ob Polizisten vor Ort mit den Menschenhändlern von Mafia, Cosa Nostra, chinesischen Triaden oder wie die Gangs auch immer heißen mögen, zumindest stillschweigend gemeinsame Sache machen, ist nicht zu beantworten. Das scheint im übrigen nicht nur ein Problem der Sicherheitsbehörden in Dritte-Welt-Ländern zu sein. Während der Recherchen zu diesem Thema wurde mir bei der Frage, warum in diesem oder jenem eklatanten Fall von Kinderpornographie oder Mißbrauch auch in Datennetzen niemand etwas tue, immer wieder bedeutet, es sei nicht auszuschließen, daß die organisierte Kriminalität auch bis in die Sicherheitsbehörden hinein Einfluß habe. Um es klar zu sagen: Das ist eine Unterstellung, nicht einmal ein Verdacht. Daß es Indizien dafür gibt, ist allerdings auch bei viel Verständnis für die Mitarbeiter der Sicherheitsapparate nicht von der Hand zu weisen. Auch wenn es, gerade für Deutschland, nicht die Spur eines Beweises gibt.

So fragte man sich denn schon mehrfach beim Interpol-Generalsekretariat in Lyon, warum es aus einigen Bereichen dieser Welt ständig Probleme mit Informationen gebe. Ein Beispiel: »Wir haben beschlossen, daß dem Verbrechen gegen Kinder aus Sicht unserer Organisation eine weltweite Priorität eingeräumt werden muß«, erzählte im Januar 1991 ein führender Interpol-Mitarbeiter einem französischen Journalisten. »Deswegen haben wir an alle Mitgliedsstaaten einen detaillierten Fragebogen verschickt. Doch wir dürfen uns keinen Illusionen hingeben. Wir können nichts unternehmen, solange die Mitgliedsstaaten es hinnehmen, daß ihre eigenen Landesgesetze gebrochen werden beziehungsweise wenn sie eine Beteiligung an internationalen Aktionen ablehnen.«

Fünf Monate später hatten von 154 Interpol-Mitgliedsstaaten ganze

55 Nationale Zentral-Büros – so heißen die Interpol-Vertretungen vor Ort – dem Generalsekretariat ihre Antwort geschickt. 53 Interpol-Büros, darunter Dänemark, Hongkong, Kenia, Kongo, Niederlande, Österreich, Schweden, Singapur, Thailand, Sri Lanka, Türkei und Venezuela – erklärten schlicht, sie hätten von der jeweiligen Landespolizei keinerlei Meldungen über irgendwelche Frauen- oder Kindersklaverei bekommen. Nur Italien und die damalige Sowjetunion zeigten sich etwas entgegenkommender. Das Interpol-Büro Rom teilte mit, im Juli 1990 habe die örtliche Polizei am Stadtrand von Mailand zehn Zigeunerkinder gefunden, die als Sklaven in einem Lager lebten – sie waren gekauft oder entführt worden. Aus Moskau wurde mitgeteilt, es habe 53 Fälle von Frauen gegeben, die unfreiwillig und ohne ihre Zustimmung zur Heirat gezwungen worden seien.

Bleibt zu ergänzen, daß auch die Bundesrepublik Deutschland das Interpol-Ersuchen nicht beantwortete, was viel über die vollmundigen Versprechungen von Politikern und Polizeiführungen sagt, derzufolge man diese Art von Straftaten nur international koordiniert wirksam bekämpfen könne.

Zur Erinnerung: Dies war 1991. Zu diesem Zeitpunkt hatten die Medien in der Bundesrepublik längst über eklatante Fälle von Kinderprostitution und Verbreitung von Kinderpornographie berichtet, entwarf terre des hommes gerade seine Kampagne gegen Kinderprostitution und Sextourismus, berichteten die ersten Journalisten bereits über offene Angebote von Minderjährigen in Datennetzen. Und gleichzeitig verweigern die wichtigsten Mitgliedsstaaten Interpol jede Auskunft und leugnen das Problem.

Das ist keineswegs Vergangenheit. Der Versuch, die europäische Polizeiarbeit zu koordinieren und diese Zusammenarbeit auf den Menschenhandel auszuweiten, ist bislang gescheitert. Zwar gibt es seit einigen Jahren in Den Haag die Europa-Polizei Europol. Diese aber beschränkt sich auf einen Arbeitsstab von Beamten aus jedem EU-Mitgliedsland, der Zugriff auf die nationalen Polizei-Datenbanken hat, so daß man binnen weniger Stunden ein Dossier über einen Tatverdächtigen erstellen und an die Beamten vor Ort weiterreichen kann. Aber Europol darf bisher nur im Bereich der Rauschgiftkriminalität tätig werden. Eine Ausweitung der Aufgabengebiete auf Menschenhandel, Schlepperei, Autoschmuggel und Nuklearkriminalität haben die europäischen Mitgliedsländer bislang stets abgelehnt, weil sie ihre nationalen Hoheiten nicht abtreten wollten. Nach dem jetzigen Fahrplan – die EU-Regierungschefs drängen neuerdings auf eine schnellere Ausweitung der Europol-Aufgaben – kann die Dienststelle dennoch frühestens 1997 aktiv werden. Und auch dann bleibt sie eine Organisation zur Sammlung und Koordination von Informationen. An eine europäische Polizeitruppe mit exekutiven Befugnissen mag noch niemand denken.

Damit wird Europas Abstand hinter der organisierten Kriminalität immer größer. Denn die macht den Sicherheitsbehörden längst vor, was es heißt, grenzüberschreitend mit modernster Technologie und effektiv zusammenzuarbeiten.

Vor einigen Monaten wurde mir von einem Hacker ein Computerprogramm zugespielt, das die Verschlüsselung aller übertragenen Daten ermöglicht. Nur wer im Besitz des Programmes ist, kann übertragene Botschaften und Mitteilungen dekodieren und dann lesen. Dieses sogenannte Kryptierungsprogramm auf nur einer einzigen Diskette ist allerdings nur eines von weit über zehntausend der Hackerszene bekannten. Daß die organisierte Kriminalität ihre Aktivitäten auf diese Weise geradezu planmäßig entfalten kann, ohne die Kriminalpolizei fürchten zu müssen, liegt auf der Hand. Daß mit Hilfe solcher Kryptierungsprogramme die international operierenden kriminellen Konzerne ihre Deals vorbereiten und entfalten, Drogen und Menschen verschieben, Geld waschen und politische Aktivitäten durchführen, kann jeder wissen, der bei den Konferenzen über die Errichtung internationaler Polizeiorganisationen der Kleinstaaterei das Wort redet. Man kann es auch anders sagen: Europa ist zwar nicht völlig macht- und hilflos. Aber sehr viel besser ist die Lage nicht.

USA

Die USA sind der weltweit größte Importeur von Kinderpornographie und minderjährigen Prostituierten. Obwohl käuflicher Sex und Bordelle grundsätzlich verboten sind, verdienen nach Schätzungen der Kinderhilfsorganisation »Defence for Children International« zwischen 90.000 und 300.000 minderjährige Mädchen ihren Lebensunterhalt mit ihrem Körper. Über zwei Millionen Kinder gelten als sogenannte »happy hockers«, als Feierabend- und Gelegenheitsnutten. Über die New

Yorker Docks werden viele Kinder aus Puerto Rico, Jamaika, Mittelamerika und Mexiko ins Land geschleust. In seinem Buch »Crime Inc.« bezeichnet der amerikanische Autor Martin Short die Pornographie als »den expansivsten Wirtschaftszweig der Mafia mit einem Jahresumsatz von sechs Milliarden Dollar«. Kinderpornographie habe daran einen beträchtlichen Anteil. »Hübsche« Kinder werden aus Mexiko, Guatemala, El Salvador, Nepal, den Philippinen und anderen Entwicklungsländern eingekauft.

In den amerikanischen Datennetzen versuchen Tag für Tag Millionen von US-Bürgern den Verboten im eigenen Land zu entgehen. Wer sich an einem normalen Werktagabend in die Online-Gespräche jenseits des Atlantik einwählt, bekommt einen kleinen Eindruck von der Szene Nordamerikas. Da werden heiße Mailbox-Nummern und Anlaufstellen für Kinderprostitution getauscht. Zahlreiche seriöse Deckadressen im Internet entpuppen sich mit etwas Kenntnis und Geduld als Fundgrube für jeden Pädophilen. Und wer die Ausgaben nicht scheut, der kann sich aus den im Vergleich zu europäischen Mailboxen ungleich größeren US-Rechnern Millionen von Bildern herunterladen, die allesamt nach der Gesetzgebung der USA mit Strafe belegt sind.

Die amerikanische Bundespolizei FBI ist die weltweit erste, die deshalb im Februar 1995 einen Kontrakt mit einigen Netzanbietern und -betreibern geschlossen hat, um beim Kampf gegen die Kinderpornographie zusammenzuarbeiten. Die Anbieter selber sind daran interessiert, nicht in einen schlechten Ruf zu kommen, wollen sie doch mit ihren Diensten auch Geld verdienen und nicht plötzlich vor dem Problem stehen, daß ihnen die Polizei den Laden dichtmacht. Eine Kooperation, an die in Deutschland (noch?) niemand denkt.

Auch bei den Amerikanern darf die Frage nach dem Markt allerdings nicht nur auf das Land selbst beschränkt bleiben. Gerade jene Länder und Regionen, die mit amerikanischen Militärstützpunkten »gesegnet« sind, können ein Lied von vielseitigen Bedürfnissen amerikanischer Männer singen. Olongapo zum Beispiel, jene philippinische Stadt, die in der Nähe des US-Stützpunktes Subic Bay liegt. Als die USA den Flottenstützpunkt 1992 räumten, wurde schnell deutlich, daß die 300.000 Einwohner der Stadt nahezu vollständig von den Amerikanern gelebt hatten. Mehr als 200.000 Mark sollen die GIs dort jeden Tag ausgegeben haben. Daß es in Olongapo rund 600 Vergnügungseinrichtungen gibt, zeigt, wohin das Geld im wesentlichen geflossen ist. Da die

Prostitution auf den Philippinen verboten ist, wurden die Mädchen schlicht in »hospitality girls« umbenannt. 16.000 von ihnen arbeiteten in den Bars und Hotels, um die rund 6000 Seeleute zu befriedigen, die hier täglich Entspannung suchten. Nach Schätzungen einheimischer Sozialarbeiter sind mindestens 40 Prozent der philippinischen Mädchen minderjährig gewesen.

Die Mädchen nicht nur auf den Philippinen wissen auch, daß die Amerikaner nicht unbedingt zu den sanften Kunden gehören. In Manila erzählt die kleine Desira, sie sei elf Jahre alt, für die ganze Nacht verlange sie rund 80 Mark. Tabus gebe es nicht. Was die Kunden fordern, wird getan. Das sei, sagt Desira, vor allem dann sehr schmerzlich, wenn die Kunden Amerikaner seien. Diese wollten nicht nur Sex, sie würden das schmächtige Mädchen auch gerne mal hart rannehmen. Ihre »Laufbahn« als Baby-Prostituierte begann ebenfalls mit einem Amerikaner. Dem sei sie als neunjährige Jungfrau für umgerechnet 500 Mark verkauft worden, damit dieser sie zur Frau mache. Es mag Zufall sein, daß es in diesem Fall ein Amerikaner war. Aber auch die Mädchen in Rio de Janeiro oder Puerto Rico berichten immer wieder, daß Amerikaner besonders grausam seien. So, als ob sie im Ausland die Gewaltphantasien ausleben wollten, die ihnen innerhalb der eigenen Grenzen verboten sind – zumindest öffentlich.

Rußland

Die politische Wende zu mehr Freiheit hat auch für die Kinder und Mädchen in der größten ehemaligen Sowjetrepublik ihren Preis. Rund 50.000 Frauen gehen nach inoffiziellen Schätzungen allein in Moskau auf den Strich. Im Verhältnis zur Gesamtbevölkerung rund doppelt soviel wie in Berlin. Die »Komsomolskaja prawda« schreibt, nur in der Hauptstadt seien rund 1000 Kinder im Alter von sieben Jahren als käuflich registriert. Eine Angabe, die mir via Internet von einem ehemaligen Moskauer KGB-Mitarbeiter bestätigt wird. Er könne zwar nur schätzen, antwortet er auf meine Frage, »daß du bei uns auch ganz kleine Kinder kriegst, ist keine Frage.«

Aus vielen Nachbarländern Rußlands gibt es zum Teil drastische Schilderungen von Kindern und Frauen, die sich zur Prostitution anbieten bzw. angeboten werden. Im osttürkischen Grenzort Hopa in der Privinz Trabzon gibt es heute 32 Stunden-Hotels, wo es vor wenigen Jahren noch keines gab. »50 Prozent mindestens« seien noch Kinder, vermuten Beobachter, die den grenzüberschreitenden Verkehr vor Ort kennengelernt haben. Dazu passen dann Berichte von Babyhandel in der Ukraine und massenhaften Mädchentransporten nach Westeuropa. So wie zahllose russische Frauen in deutschen Anzeigenblättern einen Mann fürs Leben suchen, werden russische Mädchen auf dem deutschen Markt angeboten. Die russische Mafia, in der nicht wenige inzwischen arbeitslose KGB-Spezialisten und Mitglieder der einstigen Polizeiführung neue Aufgaben gefunden haben, handelt längst nicht nur mit Wodka und atomarem Spaltmaterial, sondern mit allem, was der Markt braucht. Und da sind Kinder durchaus ein gewinnträchtiges Geschäft. Die oft total verelendeten Familien auf dem russischen Land geben ihre Kinder für ein paar Rubel her, ohne freilich zu ahnen, was mit den Kleinen passiert.

Von den russischen Behörden wird solch internationaler Menschenhandel natürlich bestritten. Als sich 1994 auf einer Tagung internationaler Kriminalitätsexperten in Bukarest russische Spezialisten zu Wort meldeten, wurde zwar auch viel vom Umbau des Sicherheitsapparates gesprochen, gezielte Nachfragen nach Menschenhandel blieben allerdings vielsagend unbeantwortet. Die Fachleute aus dem Moskauer Innenministerium räumten zwar ein, daß es rund 300 organisierte Verbrecherbanden im Land gebe. Aber von Menschen- oder gar Kinderhandel könne – zumindest im größeren Ausmaß – keine Rede sein. Kaum ein halbes Jahr später flog dann der Verkauf der Babys in der Ukraine auf. Ein westlicher Experte stellte nur lakonisch fest, Rußland habe bisher entweder das Pech oder das Glück gehabt, daß solche Vorfälle noch nicht aufgedeckt wurden. »Denn daß es sie auch dort gibt, steht für uns außer Zweifel.«

Damit nicht genug. Nach der Wende hat auch die ehemalige Führungsmacht im Ostblock rasch den Anschluß an die internationale Datenwelt gefunden. In den einschlägigen Dialogdiensten von CompuServe und Internet sind Russinnen und Russen bereits Stammgäste. Und auch in einigen geschlossenen Gruppen für Infantilisten und am Treffpunkt für Pädophile waren die Damen und Herren aus dem russischen Reich bereits bestens bekannt. Da liegt es nahe, zumindest damit zu rechnen, daß sich auch die russische Mafia inzwischen der Datenautobahn bedient. Die technischen Kenntnisse haben die einstigen Abhörexperten des KGB meist samt Technologie gleich mitgebracht. Man war immerhin mal eine Führungsmacht, die es durchaus mit dem Westen aufnehmen konnte.

China und Japan

Nicht nur in den kapitalistischen Ländern blüht das Gewerbe mit dem Kindersex. Den ersten Bericht darüber lieferte die amtliche Zeitung »China Daily« schon im Mai 1970. Demnach waren 26 mutmaßliche Kidnapper verhaftet worden, weil sie 7000 Frauen und Kinder entführt und als Sklaven verkauft hatten. Im Februar 1991 berichtete die Londoner »Times« über die Hinrichtung von fünf Männern, die ebenfalls wegen Frauen- und Kinderhandels zum Tode verurteilt worden waren. Wenige Monate später schrieb die französische Tageszeitung »Le Monde«, in der Provinz Shnaxi seien elf Männer hingerichtet worden, die 90 Frauen entführt und als Sklavinnen verkauft hätten.

Die chinesische Führung selbst versucht, gegen die Kinderprostitution massiv vorzugehen. 1992 seien eine viertel Million »schlechter Mädchen, die ihren Frühling verkaufen«, aus dem Verkehr gezogen worden. Doch der Nachwuchs ist nicht abzuschrecken. Die Gesundheitsexperten im Land der aufgehenden Sonne fürchten jetzt bereits, daß demnächst auch Aids wie eine Seuche über das Land hereinbrechen könnte.

Auch Japan hat seine Kinderprostituierten, importiert aber auch Tausende von den Philippinen und aus Thailand. Berichten von Interpol zufolge verkaufen sich die Kinder in Tokio, Osaka und anderen Großstädten »wie warme Semmeln«.

Zugleich hat die technische Führungsmacht Japan natürlich auch die Möglichkeiten der globalen Vernetzung erkannt. In den Mailboxen der Welt sind japanische Fotoserien in Umlauf, die deutlicher und offener als viele andere Kinder beim Sex, bei Mißhandlungen oder auch Folterungen zeigen. Ganz offenkundig versorgen Nippons Söhne ihre Brüder in aller Welt mit entsprechendem Bildmaterial ihrer Schwestern. Direkter kann man die Benutzung und die Qual von Kindern auf Computerbildern wohl nicht zeigen, als japanische Fotografen dies tun und dann alle Welt an den Schmerzen der Kleinen sich ergötzen lassen.

Thailand, Philippinen, Sri Lanka, Dominikanische Republik

Es gibt viele Schilderungen über die Erlebnisse der Kinder in diesen vier Ländern. In ihnen ist die Rede von Elend und Not, von der letzten Hoffnung, an das begehrte Geld für die Familie zu kommen, um deren Überleben zu sichern. Eltern verkaufen ihre Kinder für einen Schleuderpreis an zahlende Touristen, egal was die mit ihnen machen wollen. Zu den eindrucksvollsten Dokumenten über die Empfindungen, die diese Prostitution bei den kleinen Opfern auslöst, gehört das Gedicht »Death of a Virgin Child«, das Cecil Rajendra aufgeschrieben hat. Rajendra hat die Erlebnisse, die ihm zugetragen wurden, als Dichter verarbeitet. Er ist zugleich Rechtsanwalt in Malaysia und setzt sich seit vielen Jahren kritisch mit den Auswirkungen der Entwicklung nach westlichem Vorbild in seinem Land auseinander.

Cecil Rajendra:
Tod einer
kleinen Jungfrau

Hingestreckt
wie aufs Kreuz
genagelt die Arme
von Fäusten aus Stahl
vor Augen die Bilder
ihrer Ersten Kommunion
als der über ihr
lauernde Kerl
anhebt seinen
Feuerknüppel
zwischen ihre
Streichholzbeinchen
zu zwängen . . .

»Dies ist mein
jungfräulicher Leib
für ein paar Groschen
hingegeben
nehmt, haut rein . . .

Und dies ist mein
Blut
zum Zeugnis
eurer Fruchtbarkeit
vergossen.«

Und wenn der
zarte Körper
birst, zerbricht
eine Flut von Blut entlädt
auf die samen-
bedeckte Matratze
entläßt ihr
erstickender Schrei

eine weitere Flut
von dreizehn-
jährigem Gedächtnis . . .

»War es erst gestern
daß ich mit Bruder und
Schwester spielte
in den Bergen oben
hüpfte und tanzte ich
holte Holz für die Mutter
planschte im See?

Saß ich noch gestern
neben Omas
kaputtem Sessel
und lauschte dem Märchen
von der Prinzessin und dem Frosch
den ihr Kuß in
einen Märchenprinzen verwandelt?

Und war es erst gestern
daß mich Papa zur Seite
nahm und bat diesem
›lieben Onkel‹ zu folgen
hinunter in die Stadt um
zu arbeiten, etwas Geld
zu verdienen um
die Kleinsten der Familie
durchzubringen damit?«

Aber kein ›lieber Onkel‹
diese aufgedunsene
schwitzende Kröte
macht sich über sie her
die roten Augen glubschen
vor sadistischer Lust
wie er immer und immer
wieder seinen stählernen Stachel

in ihr unberührtes Fleisch
sticht diesen unglücklichen Körper
verrenkt, herumwirft, zerrt, schlägt;
ihn verbrennend,
unauslöschlich eingebrannt . . .

Bis der gnädige Tod
und Vergessen
dieses Kind wie ein Segen umhüllt.

Sie gelten als das »Bordell der Industrieländer«. Obwohl Prostitution in allen vier Ländern verboten ist, sind Frauen und vor allem Kinder der wichtigste Exportartikel. Die Zahl der Kinder, die sich auf den Philippinen prostituieren, wird allein für die Hauptstadt Manila auf rund 10.000 geschätzt. Als in Thailand eine Kommission der Bangkoker »Kinderstiftung« die Mädchen in den Dörfern im Norden des Landes zählte, fand man ganze fünf zwischen 13 und 14 Jahren. Alle anderen arbeiteten in der Hauptstadt.

Die Schilderungen der Kinder füllen ganze Bücher. Sie alle zeugen immer wieder von der gleichen Spirale: Um die Familie durchzubringen, schicken die Eltern ihre Kinder zu den Touristen, die von dem Angebot immer ungenierter Gebrauch machen. Die deutsche Botschaft in Bangkok veröffentlichte vor einiger Zeit folgenden handgeschriebenen Brief, der sie erreichte:

»Für meinen Aufenthalt in Bangkok möchte ich gerne ein Thai-Mädchen engagieren. Um aber nicht mit Tripper oder Syphilis nach Deutschland zurückzukehren, möchte ich sie gerne dort von einem Hautarzt oder einer Klinik untersuchen lassen. Ich wäre Ihnen sehr dankbar, wenn Sie mir die Adresse eines garantiert einwandfreien Arztes oder einer Klinik mitteilen würden. Evtl. auch die ca.-Kosten einer Untersuchung. Oder gibt es in Bangkok eine Stelle, die garantiert gesunde Mädchen vermittelt?
Für Ihre Bemühungen danke ich Ihnen schon jetzt recht herzlich.
Mit freundlichem Gruß . . . .«

Das Kinderhilfswerk Unicef schätzt die Zahl der Prostituierten zwischen vier und fünfzehn Jahren in diesen vier Ländern plus Brasilien auf rund zehn Millionen. Jungen werden ebenso gesucht wie Mädchen. In den Slums von Manila, schilderten Beobachter einen Einzelfall, wollte eine Mutter ihrem neunjährigen Sohn dieses Schicksal ersparen. Sie eröffnete eine Küche am Straßenrand, um täglich 160 Pesos zu verdienen, die laut Statistik eine sechsköpfige Familie zum Überleben braucht. Es reichte nicht. Jetzt prostituiert sich der Junge doch. »Eure Moral macht uns nicht satt«, sagt die Mutter des Strichjungen.

Reporter des SPIEGEL beobachteten, daß der Kinderhandel sogar unter Polizeiaufsicht stattfindet. »An einer bestimmten Straßenecke in Ermita wimmelt es vor zerzausten und struppigen Mädchen mit hungrigen Augen und flinken Fingern, die auf dem Gehsteig vor den grellen Neonfassaden der Nachtbars Kaugummi und Blumen verkaufen. Die meisten sind noch keine zehn Jahre alt. Ihre Mütter warten im Hintergrund. ›Kann ich Ihre Tochter für ein, zwei Stunden mitnehmen?‹ fragt der Freier. Die Frau nickt und kassiert 500 Pesos; einen Augenblick später steckt sie dem Schutzmann an der Ecke einen 100-Peso-Schein zu.«

Kein Wunder, daß die Informationen, die Interpol suchte, nie ankamen. Nach Schätzungen der Zentrale in Lyon prostituieren sich auf den Philippinen 800.000 Mädchen und Jungen, in Thailand dürften eine Million Kinder zwischen zwölf und sechzehn Jahren ihre Familien ernähren. In Sri Lanka konnten die pädophilen Reisenden sich bis vor kurzem aus einem illustrierten Führer mit Preisangaben, einschlägigen Hotels und Adressen auswählen, was sie denn so haben wollten.

Aus allen Ländern fließen zugleich regelrechte Ströme des Menschen- und Kinderhandels nach Europa und in die USA. Deutsche Männer, so heißt es bei den Experten der terre-des-hommes-Kampagne gegen Kinderprostitution und Sextourismus, mögen diese zarten, zerbrechlichen Körper.

Afrika

Die Situation unterscheidet sich nur marginal. Auch hier zwingt die Spirale der Armut zahllose Familien dazu, ihre Kinder an Touristen zu verkaufen. Kenia gilt als das afrikanische Land mit der ausgedehntesten Kinderprostitution. Sowohl »Strandboys« für ausländische Touristinnen und homosexuelle Männer als auch Teeniemädchen für den heterosexuellen Besucher bieten ihre Dienste an. »Die Deutschen und die Schweizer wandeln die Küstenregionen in ihre eigene neokoloniale Sexprovinz um«, wird ein Mitglied der Afrikanischen Nationalunion Kenias zitiert. »Die weiße Herrenrasse und sexhungrige Frauen vergiften mit ihrem Geld die Seelen unzähliger junger kenianischer Frauen und Männer.«

Indien und Nepal

Wie überall, wo bittere Armut herrscht, existiert auch in Indien und Nepal ein Markt für Kinderprostituierte. Allein in Bombay gibt es 5000 Bordelle mit 100.000 Prostituierten, von denen 20 Prozent minderjährig und einige nicht einmal neun Jahre alt sind. Im nördlichen Bundesstaat Uttar Pradesh hat sich nach Erkenntnissen von Interpol ein florierendes Geschäft mit Kindern aus den Nachbarländern Nepal, Bangladesh und aus anderen Teilen Indiens entwickelt, die an Bordellbesitzer in Indien oder nach Pakistan und in arabische Länder in Nahost verkauft werden. Unter den 140 Millionen indischen Muslimen gibt es einen schwunghaften Handel mit zehn- und elfjährigen Mädchen, die von ihren Eltern als Bräute an wohlhabende alte Araber, gewöhnlich aus Saudi-Arabien, zwangsverkauft werden, während Buben zwischen fünf und zehn Jahren gekauft, außer Landes geschmuggelt und – abgesehen vom Mißbrauch als Lustobjekt – unter Gewaltanwendung als »Jockeys« bei dubiosen Kamelrennen herhalten müssen.

In Nepal ist der Kinderhandel längst professionell organisiert. Internationale Syndikate operieren zwischen dem Himalaya-Staat und dem benachbarten Indien und schmuggeln Kinder zur sexuellen Versklavung außer Landes. Das widerliche Geschäft ist den Regierungen beider Länder zwar bekannt, aber man macht keinerlei Anstalten, es zu unterbinden.

Lateinamerika

Auf rund 100 Millionen wird die Zahl der Kinder geschätzt, die in Lateinamerika vom Elend getrieben auf der Straße leben. Die überwiegende Mehrheit verdient ihr Geld durch Prostitution. Nach Erhebungen der Handelskammer von Kolumbien zum Beispiel hat sich die Zahl der Prostituierten, die zwischen acht und dreizehn Jahren alt sind, in Bogota zwischen 1986 und 1993 verfünffacht. Denn die Kunden wollen immer jüngere Sexualobjekte, in der ebenso irrigen wie egoistischen Annahme, dadurch vor Aids-Infektionen geschützt zu sein.

Die Verdienstspannen in Lateinamerika sind aber noch vergleichsweise gering, was nach Erkenntnissen internationaler Polizeikenner dazu führt, daß das organisierte Verbrechen bisher kaum Interesse an diesem Markt zeigt. Abgesehen von einigen Gangs, die Kinder in die USA importieren, ist die Kinderprostitution also in erster Linie etwas für den reisenden Touristen.

Große Gewinne lassen sich in Lateinamerika nur durch Adoptionen erzielen. Dies führt dann dazu, daß – wie schon angedeutet – Paare aus den USA und Europa ihren Kinderwunsch in Lateinamerika befriedigen. Zwar lassen internationale Kinderhilfsorganisationen keinen Zweifel daran, daß viele Paare mit ehrlichem Kinderwunsch unter den Kunden sind. Aber ebenso viele Kunden suchen nur das Sex-Objekt Kind.

Interpol beobachtet – und das gehört zur Vollständigkeit des Phänomens Kinderhandel hierher – allerdings auch noch andere Motive für den Handel mit lebendigen kleinen Körpern. Demnach werden Kinder häufig aufgekauft, um an die wertvollen Organe heranzukommen. 1991 berichtete die Londoner »Times« von einem Fall aus Mexico City, bei dem »Kinder, die zwecks Verkauf ihrer Organe zur Transplantation in Amerika und anderswo geraubt werden. Obwohl keine Beweise vorgelegt wurden, sind Ärzte, Rechtsanwälte, und Sozialarbeiter vom wahren Inhalt der Behauptungen überzeugt.«

Allerdings wird in der bereits zitierten Studie des Bundesjustizministeriums zum Thema Kinderhandel von solchen Berichten Abstand genommen. Bisher gebe es keinen nachprüfbaren Fall.

Dagegen sind andere Praktiken belegt, in denen es wirklich nur noch um die Kinderkörper geht. Fenton Bresler, Autor des Buches »Interpol«, beschreibt darin, daß die chinesische Mafia Ende der 70er und Anfang der 80er Jahre tote Kinderkörper benutzte, um Rauschgift über die Grenze zu schmuggeln. »Dazu wurden Babys entführt oder gelegentlich auch ihren Eltern abgekauft, getötet, ihre inneren Organe entfernt und ihre kleinen Körper mit heroingefüllten Plastiksäckchen ausgestopft. Dann trugen ›liebevolle Mütter‹ die vermeintlich schlafenden Säuglinge in den Armen über die Grenze. Das war noch nicht alles. Die Kinder mußten unter zwei Jahren alt sein, damit die lange ›Schlafphase‹ nicht unnatürlich wirkte, und binnen zwölf Stunden nach ihrem Tod verwendet werden, solange die natürliche Farbe noch nicht aus den Gesichtern gewichen war.«

Markt-Bericht

Wer die Situation des weltweiten Handels mit Kindern zusammenfaßt, kommt auf eine erschreckende Bilanz. Rund um diesen Globus dürften es zwischen 100 und 150 Millionen Kinder unter 16 Jahren sein, die nur überleben, weil sie ihren Körper verkaufen. Und sie verkaufen ihren Körper, weil es dafür eine Nachfrage gibt.

Weder die Polizei noch die Politik haben an dieser Situation etwas ändern können. Und wie in anderen Wirtschaftsbereichen auch, bestimmen die ökonomisch starken Kunden aus den Industrieländern Preis und Absatz. Hinter dem Argument, »Die brauchen das ja zum Leben« steckt nichts anderes als die egoistischste Form der Ausbeutung: die wehrlosesten unter den Menschen werden nicht nur benutzt, sondern verbraucht. Kinder, man muß es so drastisch sagen, sind nicht mal mehr Exportartikel, sie sind Gebrauchsgüter einer perversen Ersten Welt.

Aus den Unterlagen von Interpol ist beispielsweise folgender Fall belegt, der von Fenton Bresler in seinem Buch »Interpol« veröffentlicht wurde:

Auf dem New Yorker Kennedy-Airport wurde ein Italiener festgenommen, der, gerade aus Rom kommend, nach Los Angeles umsteigen wollte. Das FBI hatte dort eine private Telefonnummer angezapft und auf Band aufgenommen, wie man ihn einlud, herüberzukommen, um dort mit einem elfjährigen Mädchen, das ihm zur Verfügung gestellt werden sollte, »zu tun, was immer er wolle.« Die Aufzeichnung war Teil eines grauenerregenden Films über Kindesmißbrauch in der Welt, den das Nationale Zentralbüro Oslo in Zusammenarbeit mit dem norwegischen Justizministerium produziert hatte. Die Polizeianwärter bei einer Schulung im Interpol-Generalsekretariat mußten fassungslos das Telefongespräch mitanhören, indem der Italiener fragte: »Und was, wenn ich sie umbringen will?« – »Das können Sie auch tun«, antwortete sein Gesprächspartner am anderen Ende der Leitung.

Übrigens wurde der Italiener von einem Gericht in Los Angeles keineswegs für 40 Jahre hinter Gitter gesteckt, wie dies laut Gesetz möglich gewesen wäre. Der Richter verurteilte ihn zu einem Jahr Haft plus einem weiteren Jahr auf Bewährung.

Dies ist die andere Seite der Medaille. Wer fassungslos die Praktiken sexhungriger Pädophiler in Deutschland und außerhalb erfährt, muß noch fassungsloser über die juristische und polizeiliche Aufarbeitung der Straftaten sein. Daß die Polizeibehörden unter chronischem Personalmangel leiden, ist keine Frage. Daß ihre technische Ausstattung der eines Eilzugs entspricht, während die organisierte Kriminalität mit den Methoden eines ICE arbeitet, hat sogar der Präsident des Bundeskriminalamt, Hans-Ludwig Zachert, Anfang 1995 auf einer Tagung über Korruption in Berlin öffentlich eingestanden.

Dennoch fragt man sich, wie es bei einem Delikt von der Bedeutung und auch dem Gewicht des Kinderhandels dazu kommen kann, daß ganze 12 Prozent der Fälle aufgrund von Polizeiarbeit entdeckt wurden? Die »Kinderhandel«-Studie für das Bundesministerium der Justiz belegt dies nach Umfragen bei den Ländern. Weitere 12 Prozent gingen auf Veröffentlichungen der Medien zurück, in 6 Prozent der Fälle kamen Hinweise aus dem Ausland, in 24 Prozent von Privatleuten und 29 Prozent kamen durch eigene Tätigkeiten ans Tageslicht. Fazit der Studie: »Die Hälfte der Befragten erklärte, die Ermittlungen der Polizeibehörden seien ungenügend gewesen.«

Dies ist freilich nicht nur Schuld der Polizei. Ermittlungen von Sicherheitsbehörden können sich zweifellos nur im Rahmen der geltenden

Gesetze bewegen. Und daß es da an allen Ecken und Enden Unklarheiten, Zweideutigkeiten und diffuse Problemstellungen gibt, bezweifelt in Deutschland niemand mehr.

Wirklich alles verboten?
Kindesmißbrauch im Strafrecht

Prostitution von Kindern ist in Deutschland verboten.
Pornographie von oder mit Kindern ist in Deutschland verboten.
Der Besitz von Kinderpornographie ist in Deutschland verboten.

Würden diese drei Sätze so absolut gelten, wäre das Problem – zumindest von seiten des Gesetzgebers – in der Tat gelöst. Tatsächlich aber gibt es zahllose Einschränkungen und Beschränkungen, Glaubwürdigkeitsprobleme und Zwischentöne, die die rechtliche Stellung des Kindes sowie dessen Schutz in Frage stellen.

Zunächst muß zur Klärung gesagt werden, daß rechtlich der Begriff »Kind« das Alter von null bis vierzehn Jahre meint, die Vierzehn- bis Sechzehnjährigen werden als Jugendliche bezeichnet und die Sechzehn- bis 21jährigen als Heranwachsende. Hinter den einzelnen rechtlichen Bestimmungen stehen jeweils besondere Intentionen, Werte, um deren Schutz willen die einzelnen Vorschriften erlassen wurden. Und gerade, wenn man diese berücksichtigt, ergibt sich ein höchst zweifelhaftes Bild des deutschen Rechtssystems. Die Rechtsanwältin Claudia Burgsmüller hat dies in einem Gutachten mit dem Titel »Rechtlicher Schutz von Kindern vor sexueller Ausbeutung« eindrucksvoll herausgearbeitet. Das Gutachten wurde im November 1992 für die terre-des-hommes-Kampagne gegen Kinderprostitution im Zusammenhang mit Sextourismus erstellt. Ich stütze mich hier weitgehend auf diese eindringliche Darstellung.

Im wesentlichen betreffen einige wenige Strafrechtsparagraphen die sexuellen Delikte an Kindern, die zur besseren Information vollständig zitiert werden.

Die bislang jüngste Reform ist das 1993 erlassene Gesetz, das den Besitz von Kinderpornographie unter Strafe stellt. Hinter dieser Reform stand die Erkenntnis, daß die Herstellung von Kinderpornographie zwangsläufig mit dem sexuellen Mißbrauch von Kindern verbunden ist, das heißt Grundlage jedes kinderpornographischen Erzeugnisses ist der sexuelle Mißbrauch.

Erstmals wurde mit dieser Gesetzesänderung ein völlig neuer Aspekt bei der Sichtweise von Pornographie aufgegriffen. In der Regel galt ein Produkt als »pornographisch«, wenn die Abbildungen über die rein bildlichen Darstellungen hinausgingen und zu erwarten war, daß sie zur Herbeiführung sexueller Erregung dienten. Stand bisher lediglich die Wirkung eines Produkts auf den Betrachter im Vordergrund, richtete sich nun der Blick erstmals auf die Herstellung der Pornographie und ihre Methoden. Erstmals wird die menschliche Würde, die sexuelle Entwicklung, die körperliche Unversehrtheit der sexuell mißbrauchten Kinder berücksichtigt.

Rechtlich gesehen, sagt der Experte für sexuelle Straftaten beim Bundeskriminalamt, Manfred Kaltwasser, liegt Kinderpornographie vor, wenn die Darstellerinnen und/oder Darsteller jünger als 14 Jahre sind.

Dennoch gibt es auf dem deutschen Markt offen und an vielen Zeitschriftenkiosken Magazine mit Nacktbildern von Kindern zu kaufen. Dazu zählt zum Beispiel die Zeitschrift der FKK-Bewegung. »Das sind Hefte«, sagt Kaltwasser, »die eindeutig für interessierte Herrschaften hergestellt werden.« Sie zeigen nackte Kinder beim Spiel und nicht das Spiel mit nackten Kindern. »Erwachsene werden gezielt ausgeblendet oder aus den Aufnahmen herausgeschnitten.« Kaltwasser: »Das zeigt, wo hier die Zielgruppe ist.« Was der BKA-Experte nicht sagen kann, sage ich: Es handelt sich um kinderpornographisches Material. Ob damit die Absicht der gesetzlichen Neuregelung über die Verbreitung kinderpornographischen Materials, nämlich die sexuelle Entwicklung der Kinder zu schützen, nicht durchkreuzt wird, scheint mir nicht einmal Auslegungssache zu sein. Dennoch greift hier kein Staatsanwalt ein. Denn für den Tatbestand der Kinderpornographie reicht es laut Gesetz nicht, nackte Körper zu zeigen. Es müssen schon eindeutig sexuelle Handlungen erkennbar sein. Man könne keineswegs alles verbieten, was Pädophile sexuell erregt, hieß es von einem anderen Experten. Dann müßte nämlich auch die »Mini-Playback-Show« des privaten Fernsehsenders RTL plus abgesetzt werden. Diese Sendung, in der zum Popstar aufgemotzte Kinder als Kopie ihres Idols auftreten, gilt in Pädophilenkreisen als heißer Tip für verträumte Stunden.

Doch bevor auf die Problematik der Kinderpornographie und ihrer Verbreitung in den neuen Medien eingegangen wird, sollen zunächst die »Hintergedanken« der zitierten Strafrechtsparagraphen ausgeleuchtet werden.

Ziel eines Rechtssystems müßte ja eigentlich der Schutz des sexuellen

Selbstbestimmungsrechtes von Kindern sowie der Schutz einer ungestörten, weitgehend selbstbestimmten psychosexuellen Entwicklung von Mädchen und Jungen sein. Der reichlich unüberschaubare Komplex bundesdeutscher Regelungen läßt sich unter dem Titel »Straftaten gegen die sexuelle Selbstbestimmung« zusammenfassen. Meist geht es aber um etwas völlig anderes.

§ 173: Beischlaf zwischen Verwandten

(1) Wer mit einem leiblichen Abkömmling den Beischlaf vollzieht, wird mit Freiheitsstrafe bis zu drei Jahren oder mit Geldstrafe bestraft.

(2) Wer mit einem leiblichen Verwandten aufsteigender Linie den Beischlaf vollzieht, wird mit Freiheitsstrafe bis zu zwei Jahren oder mit Geldstrafe bestraft; dies gilt auch dann, wenn das Verwandtschaftsverhältnis erloschen ist. Ebenso werden leibliche Geschwister bestraft, die miteinander den Beischlaf vollziehen.

(3) Abkömmlinge und Geschwister werden nicht nach dieser Vorschrift bestraft, wenn sie zur Zeit der Tat noch nicht achtzehn Jahre alt waren.

§ 175: Homosexuelle Handlungen

(1) Ein Mann über 18 Jahre, der sexuelle Handlungen an einem Mann unter 18 Jahren vornimmt oder von einem Mann unter achtzehn Jahren an sich vornehmen läßt, wird mit Freiheitsstrafe bis zu fünf Jahren oder mit Geldstrafe bestraft.

(2) Das Gericht kann von einer Bestrafung nach dieser Vorschrift absehen, wenn

1. der Täter zur Zeit der Tat noch nicht einundzwanzig Jahre war oder
2. bei Berücksichtigung des Verhaltens desjenigen, gegen den die Tat sich richtet, das Unrecht der Tat gering ist.

Der **Paragraph 173** des Strafgesetzbuches untersagt den »Beischlaf zwischen Verwandten«, also Inzest, früher Blutschande genannt. Die Rechtsanwältin Burgsmüller zeigt auf, daß das Rechtsgut dieser Vorschrift »die Freihaltung der Familie von sexuellen Beziehungen ist«. Weiter würden als Strafgrund »auch Gefahren für die psychologische Entwicklung des Partners (minderjährige Tochter, Geschwisterinzest) und die angebliche Gefahr eugenischer und genetischer Schäden genannt.«

Die Begründung macht deutlich, daß bei dieser Vorschrift nicht die psychosexuelle Entwicklung des Kindes im Vordergrund steht. Der Inzest wird vielmehr »nur« als Verstoß gegen die Institution von Ehe und Familie sowie gegen den Personenstand gesehen. Der Widersinn dieser Regelung wird vor allem dann deutlich, wenn man bedenkt, daß sexuelle Beziehungen zwischen Adoptiveltern und Adoptivkind ebensowenig strafbar sind wie die zwischen dem Ehemann und dem nichtehelichen geborenen Kind seiner Frau.

§ 176 StGB Sexueller Mißbrauch von Kindern

(1) Wer sexuelle Handlungen an einer Person unter vierzehn Jahren (Kind) vornimmt oder an sich von dem Kind vornehmen läßt, wird mit Freiheitsstrafe von sechs Monaten bis zu zehn Jahren, in minder schweren Fällen mit Freiheitsstrafe bis zu fünf Jahren oder mit Geldstrafe bestraft.

(2) Ebenso wird bestraft, wer ein Kind dazu bestimmt, daß es sexuelle Handlungen an einem Dritten vornimmt oder von einem Dritten an sich vornehmen läßt.

(3) In besonders schweren Fällen ist die Freiheitsstrafe von einem Jahr bis zu zehn Jahren. Ein besonders schwerer Fall liegt in der Regel vor, wenn der Täter

1. mit dem Kind den Beischlaf vollzieht oder
2. das Kind bei der Tat körperlich mißhandelt.

(4) Verursacht der Täter durch die Tat leichtfertig den Tod des Kindes, so ist die Strafe Freiheitsstrafe nicht unter fünf Jahren.

(5) Mit Freiheitsstrafe bis zu drei Jahren oder mit Geldstrafe wird bestraft, wer

1. sexuelle Handlungen vor einem Kind vornimmt,
2. ein Kind dazu bestimmt, daß es sexuelle Handlungen vor ihm oder einem Dritten vornimmt, oder
3. auf ein Kind durch Vorzeigen pornographischer Abbildungen oder Darstellungen, durch Abspielen von Tonträgern pornographischen Inhalts oder durch entsprechende Reden einwirkt, um sich, das Kind oder einen anderen hierdurch sexuell zu erregen.

(6) Der Versuch ist strafbar, dies gilt nicht für Taten nach Absatz 5 Nr. 3.

§ 177 StGB Vergewaltigung

(1) Wer eine Frau mit Gewalt oder durch Drohung mit gegenwärtiger Gefahr für Leib oder Leben zum außerehelichen Beischlaf mit ihm oder einem Dritten nötigt, wird mit Freiheitsstrafe nicht unter zwei Jahren bestraft.

(2) In minder schweren Fällen ist die Strafe Freiheitsstrafe von sechs Monaten bis zu fünf Jahren.

(3) Verursacht der Täter durch die Tat leichtfertig den Tod des Opfers, so ist die Strafe Freiheitsstrafe nicht unter fünf Jahren.

§ 178 StGB Sexuelle Nötigung.

(1) Wer einen anderen mit Gewalt oder durch Drohung mit gegenwärtiger Gefahr für Leib oder Leben nötigt, außereheliche sexuelle Handlungen des Täters oder eines Dritten an sich zu dulden oder an dem Täter oder einem Dritten vorzunehmen, wird mit Freiheitsstrafe von einem Jahr bis zu zehn Jahren bestraft.

(2) In minder schweren Fällen ist die Strafe Freiheitsstrafe von drei Monaten bis zu fünf Jahren.

(3) Verursacht der Täter durch die Tat leichtfertig den Tod des Opfers, so ist die Strafe Freiheitsstrafe nicht unter fünf Jahren.

Der wirkliche Schutz einer ungestörten psychosexuellen Entwicklung wird im übrigen auch nur bis zu einer Grenze von vierzehn Jahren gewährleistet. Der **Paragraph 176** des Strafgesetzbuches regelt dies. Auch dieser Schutz wird allerdings einige Abschnitte weiter, im **Paragraphen 184** eingeschränkt. Demnach müssen nämlich sexuelle Handlungen, die diese Entwicklung stören »von einiger Erheblichkeit« sein. Somit scheiden Praktiken, die zwar eindeutig sexuell sind, aber »schlechterdings keine Gefährdung der ungestörten sexuellen Entwicklung des Kindes darstellen können« aus, wie anerkannte Gesetzekommentatoren schreiben. Mit anderen Worten: Wer einem Mädchen unter vierzehn Jahren gezielt an die Brust oder unter den Rock greift, macht sich keineswegs strafbar, weil dadurch keine massive Entwicklungsstörung zu erwarten ist. So ist es kein Wunder, daß Claudia Burgsmüller zu dem Schluß kommt: »Würde man auf die Grenzüberschreitung beim Mädchen abstellen, auf ihre Verwirrung und Verunsicherung durch das geschilderte Verhalten, ergäbe sich mit Sicherheit eine Gefährdung; eingeübt wird nämlich hier die Verfügbarkeit für den männlichen Übergriff.« Oder anders: Was dieses Gesetz sträflich unterläßt, ist eine Bewertung aus Sicht des betroffenen Kindes.

§ 182: Verführung

(1) Wer ein Mädchen unter sechzehn Jahren dazu verführt, mit ihm den Beischlaf zu vollziehen, wird mit Freiheitsstrafe bis zu einem Jahr oder mit Geldstrafe bestraft.

(2) Die Tat wird nur auf Antrag verfolgt. Die Verfolgung der Tat ist ausge schlossen, wenn der Täter die Verführte geheiratet hat.
(3) Bei einem Täter, der zur Zeit der Tat noch nicht einundzwanzig Jahre alt war, kann das Gericht von einer Bestrafung nach dieser Vorschrift absehen.

Solcher Widersinn setzt sich fort. Der **Paragraph 182** schützt Mädchen bis zum sechzehnten Lebensjahr vor »Verführung«. Die Vorschrift läßt keine Zweifel daran, daß es wieder nicht um das sexuelle Selbstbestimmungsrecht des Mädchens geht, sondern um die Gefahr einer Schwangerschaft ohne nachfolgende Eheschließung. Geschützt wird somit nicht das sexuelle Selbstbestimmungsrecht des Mädchens, sondern im Kern geht es um die geregelte Fortpflanzung. Würde der Täter das Mädchen heiraten, entfiele die Möglichkeit der Strafverfolgung. Solche Diskriminierung wird noch dadurch verschärft, daß dieser Tatbestand ein sogenanntes Antragsdelikt ist. Das heißt, es wird dann verfolgt, wenn das Mädchen oder deren gesetzliche Vertreter wie die Eltern eine Verfolgung verlangen.

Übrigens fällt Sex mit einer Kinderprostituierten nicht unter diesen Tatbestand. Begründung: Das junge Mädchen wird ja nicht verführt. Man könne ja schwerlich die »Überwindung eines inneren Widerstands auf seiten des Mädchens« annehmen.

§ 174 StGB Sexueller Mißbrauch von Schutzbefohlenen

(1) Wer sexuelle Handlungen
1. an einer Person unter sechzehn Jahren, die ihm zur Erziehung, zur Ausbildung oder zur Betreuung in der Lebensführung anvertraut ist,
2. an einer Person unter achtzehn Jahren, die ihm zur Erziehung, zur Ausbildung oder zur Betreuung in der Lebensführung anvertraut oder im Rahmen eines Dienst- oder Arbeitsverhältnisses untergeordnet ist, unter Mißbrauch einer mit dem Erziehungs-, Ausbildungs-, Betreuungs-, Dienst- oder Arbeitsverhältnis verbundenen Abhängigkeit oder
3. an seinem noch nicht achtzehn Jahre alten leiblichen oder angenommenen Kind vornimmt oder an sich von dem Schutzbefohlenen vornehmen läßt, wird mit Freiheitsstrafe bis zu fünf Jahren oder mit Geldstrafe bestraft.

(2) Wer unter den Voraussetzungen des Absatzes 1 Nr. 3
1. sexuelle Handlungen vor dem Schutzbefohlenen vornimmt oder

2. den Schutzbefohlenen dazu bestimmt, daß er sexuelle Handlungen vor ihm vornimmt, um sich oder den Schutzbefohlenen hierdurch sexuell zu erregen, wird mit Freiheitsstrafe bis zu drei Jahren oder mit Geldstrafe bestraft.

(3) Der Versuch ist strafbar.

(4) In den Fällen des Absatzes 1 Nr. 1 oder Absatzes 2 in Verbindung mit Absatz 1 Nr. 1 kann das Gericht von einer Bestrafung nach dieser Vorschrift absehen, wenn bei Berücksichtigung des Verhaltens des Schutzbefohlenen das Unrecht der Tat gering ist.

Auf der Suche nach weiteren einschlägigen Vorschriften, in denen wirklich die sexuelle Selbstbestimmung im Vordergrund steht , wird man im **Paragraphen 174** fündig. Ziel dieser Regelung ist die ungestörte Entwicklung unter – wieder eine Einschränkung – bestimmten Unterordnungs- und Abhängigkeitsverhältnissen. Mädchen und Jungen bis zum sechzehnten bzw. achtzehnten Lebensjahr werden davor geschützt. Dieser Paragraph macht übrigens auch keinen Unterschied mehr zwischen dem leiblichen oder dem adoptierten Kind bzw. Jugendlichen.

Damit in diesem Sinne eine Straftat vorliegt, muß der Täter zusätzlich zum bestehenden Abhängigkeitsverhältnis »die sexuelle Handlung unter Mißbrauch der mit dem Erziehungs-, Ausbildungs- Betreuungs-, Dienst oder Ausbildungsverhältnis verbundenen Abhängigkeit« vornehmen. Diese Macht muß er für den Jugendlichen erkennbar ausnutzen. Das reine Versprechen vor Vorteilen zum Beispiel reicht nicht aus. Der Mißbrauch entfällt im übrigen bei »echten Liebesbeziehungen« oder bei einer »ausschließlich sexuell motivierten Initiative des Schutzbefohlenen«.

Das klingt alles plausibel. Aber die Auswirkung auf die Prostitution von Kindern und Jugendlichen sind fatal. Denn das Aufsuchen solcher Kinderprostituierten ist danach nicht strafbar. Oder, wie Claudia Burgsmüller bilanziert: »Wenn auch die eigene Schwester und die eigene Tochter (man könnte ergänzen: der eigene Lehrling) nicht sexuell ausgebeutet werden darf, so darf dies doch mit der Tochter des Nachbarn, die auf den Babystrich geht und über vierzehn Jahre alt ist, geschehen.«

Der **Paragraph 180** stellt weiter »die Förderung sexueller Handlungen

Minderjähriger« unter Strafe. Es ist der Versuch, das Verkuppeln von unter Sechzehnjährigen zu verhindern. Die Benutzung einer noch nicht sechzehnjährigen Prostituierten für eigene sexuelle Zwecke wird von dieser Regelung gar nicht berührt. Es gibt zahlreiche Kommentatoren von Strafgesetzen, die diesen Widerspruch offen einräumen: »Im System des Jugendschutzes bedeutet die Vorschrift freilich einen erheblichen Bruch, da sie die Förderung von sexuellen Handlungen zwischen Jugendlichen und einem Dritten unter Strafe stellt, die der Täter mit einem Jugendlichen – von Paragraph 176 abgesehen – straflos vornehmen dürfte... Weshalb zum Beispiel das Bestimmen einer Siebzehnjährigen zum Beischlaf mit einem Dritten gegen Entgelt unter dem Gesichtspunkt des Jugendschutzes gefährlicher sein soll als das ›Kaufen‹ eines Mädchens für eigene sexuelle Zwecke, ist nicht einsichtig«, heißt es bei Schönke-Schröder.

Fazit der Rechtsanwältin Burgsmüller: »Die Befriedigung der eigenen Sexualität soll – ungeachtet der möglichen Gefährdung des Mädchens oder des Jungen – nach dem Willen des Gesetzgebers privilegiert sein.«

Seltsam genug, was sich an anderer Stelle unter dem Blickwinkel Jugendschutz in den Gesetzen niedergeschlagen hat. So untersagt der Paragraph 180 beispielsweise das Gewähren von Wohnung, Unterkunft oder ähnlichem zur Prostitutionsausübung an unter Achtzehnjährige. Vermutlich findet Kinder- und Jugendprostitution deshalb – straffrei – auf den Babystrichen statt.

Auch die vom Bundesjustizministerium initiierte Reform des **Paragraphen 182**, der eine neue Schutzaltersgrenze von sechzehn Jahren festlegt, beliebt unbefriedigend. Als zusätzliche Bedingung zur Strafbarkeit wird dort gefordert, daß der Erwachsene die sexuellen Handlungen an unter Sechzehnjährigen »unter Ausnutzung ihrer Unreife oder Unerfahrenheit« vornimmt. Daß dies im Alltag vor Gericht als Instrument zur Täterentlastung mißbraucht wird, ist leicht nachvollziehbar. Welchem Täter kann schon gerichtsverwertbar nachgewiesen werden, daß er die Unreife und Unerfahrenheit ausnutzen wollte.

Das Fazit nach dem Blick in das Rechtssystem ist wenig ermutigend: Es wimmelt nur so von Unklarheiten, unübersichtlichen Regelungen, denen es stets um etwas anderes geht, nur nicht um den Schutz und die Garantie einer ungestörten, psychischen und sexuellen Entwicklung von

Kindern und Jugendlichen. Diese müßte man ja nicht gleich als Forderung zur völligen Freigabe der sexuellen Selbstbestimmung von Kindern (miß-)verstehen. Aber solche Regelungen tragen ihren Teil dazu bei, Kinder und Jugendliche als Objekte der Erwachsenen anzusehen, anstatt sie um ihrer selbst willen zu schützen.

Für manche dieser Regelungen gibt es nachvollziehbare, auch historische Gründe. Aber sie lassen fatalerweise Lücken, durch die sexuell mißbrauchte oder zur Prostitution gezwungene Mädchen und Jungen wie durch ein Rost hindurchfallen. Sie werden damit zum wiederholten Male Opfer. Einerseits werden sie durch ihre Lebensumstände gezwungen, eine Überlebensstrategie zu entwickeln, in der ihnen lediglich der Verkauf des eigenen Körpers als Weg zur Sicherung ihrer Zukunft erscheint. Andererseits müssen sie nun auch erfahren, daß das Gesetz ihnen keineswegs Beistand leistet, sondern sogar dem Mißbrauch zumindest Spielräume läßt.

Die Bundesjustizministerin hat diese Situation im übrigen selbst eingestanden. Bei der Vorlage einer Studie zum Thema »Kinderhandel« (siehe nächstes Kapitel) räumte sie die »Notwendigkeit einer Reform ein, um die bestehenden Wertungswidersprüche und Ungleichgewichte in unserem Strafgesetzbuch« zu beseitigen. So sei es nicht hinzunehmen, daß der Strafrahmen bei schwerem Raub höher sei als der bei Vergewaltigung. Zitat: »Wir müssen einen großen Schritt tun und unser Strafrecht auf den Prüfstand stellen.« Defizite gibt es da in der Tat genug.

Und auch die zuständigen Landeskriminalämter wissen um die gesetzlichen Defizite. So heißt es beispielsweise im Jahresbericht 1993 zum Thema »Jugendkriminalität und Jugendgefährdung« für das Land Baden-Württemberg« nüchtern: »Eine strafrechtliche Spezialnorm für den Schutz der ungestörten sexuellen Entwicklung von Kindern und Jugendlichen gibt es nicht, vielmehr existieren eine Vielzahl einzelner Straftatbestände, die je nach Art der sexuellen Gewalt oder der Beziehung zwischen Täter und Opfer in entsprechenden Rechtsvorschriften erfaßt sind.«

Gesetze gegen Kinderhandel

Der Handel mit Kindern ist verboten.

Auch in diesem Fall könnte man die Frage nach ausreichendem gesetzlichen Schutz abhaken, wenn dieser Satz so absolut gelten würde. Tatsächlich aber gab es viel zu lange dramatische Lücken, die erst 1995 durch eine Vorlage des Bundesjustizministeriums geschlossen werden. Dabei lag beispielsweise folgender Fall zugrunde:
Das Landgericht Berlin hatte einen Fall zu entscheiden, in dem zwei Männer ein Kleinstkind aus einem Wohnheim entführten, um es für 15.000 Mark zu verkaufen. Um einer Kontrolle zu entgehen, trugen sie das Kind in einer verschlossenen Sporttasche an dem Pförtner des Wohnheims vorbei. Gegen die Haupttäter und andere Tatbeteiligte konnte das Landgericht nur deshalb Strafen bis zu vier Jahren Freiheitsentzug wegen Kindesentziehung nach **Paragraph 235** des Strafgesetzbuches verhängen, weil es das »Hinausschmuggeln« in der verschlossenen Sporttasche als List wertete. Hätte eine Kontrolle durch den Pförtner nicht stattgefunden, wären die Täter straffrei ausgegangen, weil nach höchstrichterlicher Rechtsprechung Säuglinge weder genötigt noch überlistet werden können.

In der Tat stellt auch das Strafgesetzbuch Kindesentziehung nur dann unter Strafe, wenn dem Sorgeberechtigten durch »List, Drohung oder Gewalt« das Kind entzogen wird. Mit anderen Worten: Versucht ein Täter ein Kleinkind aus einem vor einem Geschäft abgestellten, unbeobachteten Kinderwagen herauszuheben und wegzubringen, bleibt er straffrei, denn der Versuch ist nicht strafbar. Versucht er hingegen den Kinderwagen wegzuschieben, hat er sich wegen versuchten Diebstahls an dem Kinderwagen strafbar gemacht. Das Kind darin spielt keine Rolle.

Eine ähnliche Lücke besteht, wenn ein Kind mit dem Einverständnis des Sorgeberechtigten ins Ausland reist und der Täter sich erst dann entschließt, das Kind nicht wieder zurückzubringen oder ihm zumindest nicht nachzuweisen ist, daß er diesen Entschluß nicht schon vorher gefaßt hatte. In diesem Fall könnte der Täter bisher ohne das Kind nach Deutschland zurückkehren, ohne Strafverfolgung befürchten zu müssen. Das führt nicht nur dann zu unhaltbaren Zuständen, wenn das Kind in einem Land eines anderen Kulturkreises zurückgehalten wird. Beispielsweise ist bisher kein islamischer Staat dem Haager Übereinkommen von 1980 beigetreten, das die internationale Zusammenarbeit über die Rückführung entführter Kinder zum Gegenstand hat.

Um es noch deutlicher zu sagen: Wer auf diese Weise ein Kind aus Deutschland entführt und sich erst im Ausland entschließt, es zur Prostitution weiterzuverkaufen, mußte bisher keine Strafe befürchten.

Und auch der organisierte, kommerzielle Handel mit Kindern – sei es zum Zwecke der Adoption, des Organhandels oder der Prostitution/Pornographie – wurde erst in jüngster Zeit durch den deutschen Beitritt zum Haager Adoptionsabkommen von 1989 strafbar.

In dem neuen Gesetz wird sowohl der Versuch der Kindesentziehung wie auch der heimliche Kinderdiebstahl unter Strafe gestellt. Die Eingrenzung bei Kindesentziehung »mit List, Drohung oder Gewalt« wurde gestrichen und ein neuer Verbrechenstatbestand zur Bekämpfung des kommerziellen und organisierten Kinderhandels eingeführt.

Zugleich fallen Jugendliche aus dem Schutz dieses Gesetzes heraus. Auch das macht durchaus Sinn. »Bei Jugendlichen ist nämlich, ist die Willensbildung und die Willensausübung nicht durch die Nötigungsmittel gebrochen, wohl in aller Regel davon auszugehen, daß sie nicht wie ein Säugling oder ein jüngeres Kind entzogen werden können«, schreibt Professor Hans-Jörg Albrecht, Strafrechtsexperte der Universität Dresden, in seinem Gutachten für das Bundesjustizministerium. Man kann sich ihrer nicht, wie es die Tatbeschreibung des Paragraphen 235 voraussetzt, »bemächtigen«, es sei denn, der Täter bräche den Willen mit Nötigungsmittel wie zum Beispiel Drogen. Wie eine Entziehung oder Entführung eines Sechzehn- oder Siebzehnjährigen dann allerdings ohne Gewalt oder Drohung bewirkt werden soll, ist mehr als fraglich. Insofern, so der Strafrechtsexperte weiter, »scheint die derzeitige Rechtslage, die sich im wesentlichen aus dem Adoptionsvermittlungsgesetz von 1989 ergibt, soweit der kommerzielle Kinderhandel betroffen ist, durchaus ausreichend zu sein«.

Allerdings müsse die internationale Entwicklung beobachtet werden, sei doch nicht auszuschließen, daß aus der reinen privaten Vermittlung so etwas wie organisierte Kriminalität werde. Entscheidend wird wohl bei der Frage der Strafwürdigkeit die Motivation von Vermittler und »Käufer« sein. Ein kinderloses Paar oder eines, das gerne ein weiteres

Kind aufnehmen möchte, handelt hier wohl durchaus im Interesse des vermittelten Kindes. Wer von vorneherein an der Ausbeutung des kleinen Menschen interessiert ist – ob zum sexuellen Mißbrauch, zum Organhandel oder zur reinen Arbeit –, kann sich wohl kaum auf den Schutz des Adoptionsgesetzes berufen können. Ob dies allerdings vor Gericht nachweisbar ist, darf bezweifelt werden.

Noch vor Ablauf der Legislaturperiode bis 1998 sollen außerdem weitere Schritte gegen die Kinderpornographie, den Sextourismus und die Verjährung bei Kindesmißbrauch eingeleitet werden. Darüber hinaus dringt das Bundesjustizministerium auf eine Erhöhung der Freiheitsstrafe bei besonders schweren Fällen von sexuellem Mißbrauch von bislang zehn auf dann fünfzehn Jahre.

Wie kann man ein Datennetz kontrollieren?

Diese Gesetze und Vorschriften können allerdings nicht automatisch auf die durch Datenkommunikation und neue Medien geschaffene Wirklichkeit übertragen werden. Im Gegenteil: Hier gibt es Einschränkungen, die ein Handeln zunächst des Gesetzgebers und dann auch der Sicherheitsbehörden nicht nur sinnvoll erscheinen, sondern dringend geboten erscheinen lassen.

Eigentlich ist alles geregelt. Trotzdem kann jeder machen, was er will. Auf diesen Nenner läßt sich das bringen, was da seit Jahren unter dem Stichwort »Kontrolle« gehandelt wird. Zur besseren Klarheit muß hier die Überwachung von Datex-J von der Kontrolle der übrigen Netze getrennt werden.

Datex-J

Das Datennetz der Telekom, die bei der Errichtung noch Deutsche Bundespost hieß und eine Bundesbehörde war, wurde Ende 1983 installiert. Die Politik hatte den Technikern vorgegeben, ein für jedermann nutzbares System aufzubauen. Da die Post im Besitz des Bundes war, sollte sie lediglich eine technische Rolle übernehmen und keine inhaltliche. So sollte der Eindruck vermieden werden, daß die jeweilige Politik über ihr Bundesunternehmen Einfluß auf die Inhalte der Anbieter nehmen konnte. Die Rolle der Post wird bis heute von Telekom-Vertretern gerne mit einem Lastwagen verglichen, den man zum Transport zur Verfügung stellt, aber bei dem man nicht fragen darf, was damit gefahren wird.

Die Verantwortung für die Aushandlung des sogenannten BTX-Staatsvertrages wurde den Bundesländern übertragen. Diese wiederum hatten somit auch zu entscheiden, wer dieses neue Medium künftig eigentlich kontrollieren solle.

Als Verantwortliche setzten die Ministerpräsidenten damals die laut Landesrecht zuständigen Verwaltungsbehörden ein, also Regierungspräsidien oder andere vergleichbare Institutionen. Die Polizei oder andere Sicherheitsbehörden kommen in dem Staatsvertrag gar nicht vor. Mit anderen Worten: Man übertrug auch die Einhaltung der Strafgesetze durch Anbieter oder Nutzer nicht Kriminalisten, sondern Verwaltungsbeamten.

Um deren Arbeit nun zu verstehen, muß man wissen, daß alle Anbieter von Diensten in Datex-J in der Bundesrepublik einen Sitz haben müssen. Das bedeutet, daß auch ein ausländischer Anbieter, der seinen Hauptsitz zum Beispiel in der Schweiz oder den Niederlanden hat, in der Bundesrepublik eine Geschäftsstelle haben muß, um so für die deutschen Behörden greifbar zu sein. Denn auch für ihn gilt deutsches Recht.

Auf diese Weise untersteht letztlich jedes Unternehmen, das Dienste via Telekom-Netz offeriert, der Kontrolle der Landesbehörde, in deren Einzugsbereich die Firma ihre Geschäftsstelle oder Niederlassung hat. Der im Regierungspräsidium zuständige Sachbearbeiter ruft nun in mehr oder weniger regelmäßigen Abständen stichprobenartig die Seiten der Anbieter auf, die in seiner Region sitzen, um sie auf Gesetzesverstöße hin zu untersuchen.

Nun haben, so Betroffene selbst, diese Sachbearbeiter in der Regel auch noch andere Aufgaben, so daß sich die Kontrollen der regionalen Anbieter auf »einige Blicke ins System alle paar Tage mal« beschränken. Hinzu kommt, das räumen die zuständigen Beamten auch unumwunden ein, daß sie mit den Methoden und auch der Sprache von Kriminellen nicht vertraut sein können. Wo der Laie hinter der Anzeige »Sympatischer Er bietet gerne Dienste als Babysitter bei alleinstehender Mutter mit Kind an« nur viel Menschenfreundlichkeit und Hilfsbereitschaft vermutet, wittert der geübte Kriminalbeamte bereits – und vermutlich mit Recht – einen pädophilen Täter, der an Sex mit dem Kind interessiert ist.

Sollte der zuständige Sachbearbeiter bei der »Aufsicht« (im BTX-Staatsvertrag wird stets von »Aufsicht« und nicht von »Kontrolle« oder »Überwachung« gesprochen) einen Verstoß gegen die Strafgesetze, Rechtsvorschriften oder die Bestimmungen des Staatsvertrages feststellen, kann er das Angebot untersagen oder sogar eine Sperrung durchsetzen. Diese »Untersagung« darf aber nur erfolgen, »wenn ihr Zweck nicht in anderer Weise erreicht werden kann«.

Trotz aller Proteste wegen kinderpornographischer Angebote sind solche Untersagungen Einzelfälle geblieben.

Nachdem, wie beschrieben, 1990 eine überfraktionelle Gruppe von Politikern kinderpornographische Angebote festgestellt hatte, kam es zwei Jahre später zu einer Ergänzung des Staatsvertrages um einige Jugendschutz-Bestimmungen. So heißt es in der heute gültigen Fassung, daß »Angebote unzulässig sind, wenn sie

1. zum Rassenhaß aufstacheln oder grausame oder sonst unmenschliche Gewalttätigkeiten gegen Menschen in einer Art schildern, die eine Verherrlichung oder Verharmlosung solcher Gewalttätigkeiten ausdrückt oder die das Grausame oder Unmenschliche des Vorgangs in einer die Menschenwürde verletzenden Weise darstellt,
2. den Krieg verherrlichen,
3. pornographisch sind,
4. offensichtlich geeignet sind, Kinder oder Jugendliche sittlich schwer zu gefährden.

   Angebote, die ganz oder im wesentlichen mit Schriften inhaltsgleich sind, die in die Liste nach Paragraph 1 des Gesetzes über die Verbreitung jugendgefährdender Schriften aufgenommen sind, dürfen nur in der Zeit zwischen 23 Uhr und 6 Uhr und nur dann verbreitet werden, wenn die mögliche Berücksichtigung aller Umstände nicht als schwer angesehen werden kann.« Hier wurde eine Regelung übernommen, die auch bei Fernseh- und Filmprogrammen zum Tragen kommt.

Eine ganz entscheidende Vorschrift enthält der Paragraph 2 des Vertrages. Darin wird nämlich festgehalten, daß der Anbieter für die Einhaltung der Bestimmungen des Staatsvertrages auch dann verantwortlich bleibt, wenn er Dritten die Verbreitung allgemein abrufbarer Mitteilungen ermöglicht.

Damit wird – mit anderen Worten – die Zuständigkeit der Anbieter festgeschrieben, alle seine Angebote auf Jugendgefährdung, Kriegsverherrlichung etc. zu überprüfen. Wer jedoch einen Sex-Dialog im Datex-J-Netz anwählt, wird in den Geschäftsbedingungen der Anbieter stets auf folgenden Passus stoßen: »Die Teilnehmer sind für die Inhalte der Dialoge und Anzeigen selbst verantwortlich.« Ein offener Verstoß gegen den BTX-Staatsvertrag, an dem sich bis heute niemand gestört hat, obwohl er täglich zigfach nachgelesen werden könnte.

Mehr noch. Wer eine Anzeige in einem der Datex-J-Sex-Dienste aufgeben will, muß sich immer ein paar Minuten gedulden. Automatisch wird er nämlich nach der Eingabe seines Anzeigentextes darüber informiert, daß »Sie ihren Text erst nach der Überprüfung auf pornographische Ausdrücke« im Anzeigenmarkt finden können. Wie es dann zu erklären ist, daß »Julia (braunhaarig, herrschsüchtig) zahlende Sklaven und Sklavinnen sucht, die sich in meiner Mailbox melden, süchtig nach mir werden und ihre Sucht nach Unterdrückung damit befriedigen, mir Geld zu zahlen«, ist schlicht nur so erklärbar, daß die »Aufsicht« nicht stattfindet. Oder dürfte sonst ein »geiles Paar was richtig Junges, Süßes zum Spielen und Vernaschen« suchen?

Als die Telekom Anfang 1995 von einer Bundesbehörde zum Privatunternehmen konvertierte, änderte sie zugleich auch ihre Geschäftsbedingungen, was BTX-Chef Erik Danke von der Generaldirektion der Telekom in Bonn als »wichtigen Beitrag zu mehr Kontrollmöglichkeiten« beschrieb. So heißt es jetzt unter der Überschrift »Pflichten und Obliegenheiten des Kunden«: »Der Kunde ist insbesondere verpflichtet, keine Informationsangebote mit rechts- und sittenwidrigen Inhalten anzubieten, insbesondere keine Informationen zu übermitteln, die im Sinne des Paragraphen 131 StGB zum Rassenhass aufstacheln, Gewalt verherrlichen oder verharmlosen, sexuell anstößig sind, im Sinne des Paragraphen 148 StGB pornographisch sind, den Krieg verherrlichen, geeignet sind, Kinder und Jugendliche sittlich schwer zu gefährden oder in ihrem Wohl zu beeinträchtigen sowie das Ansehen der Deutschen Telekom schädigen können oder auf Angebote mit solchem Inhalt hinzuweisen.«

Daß die Telekom dabei weniger an den Schutz von Kindern und Jugendlichen als vielmehr an ihr eigenes Ansehen als Privatunternehmen denkt, das für Geldanleger interessant sein will, könnte man ja hinnehmen, wenn sich dafür etwas in Richtung Kontrolle oder wenigstens Mitarbeit bei der Kontrolle tun würde. Dies ist aber nicht der Fall. Für jeden der genannten Sachverhalte ließen sich jeden Tag zahlreiche Beispiele bringen, ohne daß irgend jemand das Bedürnis verspürt, dagegen vorzugehen.

Da die Telekom jedoch aus der Rolle des ewig Beschuldigten heraus will, hat sie Anfang 1995 die Initiative ergriffen. Seit Mai 1995 arbeitet ein »Arbeitskreis«, der mit fünf Mitgliedern besetzt ist: zwei aus den Kreisen der Anbieter, zwei aus den Kreisen der Nutzer und einem Telekom-Experten. Wer sich jedoch davon mehr effektive Kontrolle erwartet hatte, wird wohl enttäuscht. Originalton Danke: »Wir werden alles, was publik wird, unnachgiebig verfolgen.« Und was ist, wenn etwas nicht publik wird?

Mailboxen und internationale Datennetze

Mailboxen, die in der Bundesrepublik betrieben werden, unterliegen allen deutschen Straf- und Rechtsvorschriften. Eine eigene Kontrolle oder Aufsicht gibt es aber nicht, es sei denn, diese wird von speziellen Polizeidienststellen oder Landeskriminalämtern wahrgenommen. Inwieweit dies möglich ist, darauf wird noch näher einzugehen sein. Auf ausländische Mailboxen, auch wenn diese von Bundesbürgern benutzt werden, haben die deutschen Behörden keinen Zugriff. Dies bedeutet beispielsweise, daß in einem Land A, in dem Kinderpornographie anders definiert wird als in Deutschland, durchaus Bilder zum Abruf bereit liegen können, die nach deutschen Vorschriften verboten wären. Dennoch hätte die deutsche Justiz erst dann Zugriffsmöglichkeiten, wenn diese sich auch im Besitz von Deutschen in Deutschland befinden. Erst dann greift nämlich das Gesetz, das Herstellung, Verbreitung und Besitz kinderpornographischer Schriften unter Strafe stellt.

Nicht anders verhält es sich mit den internationalen Datennetzen. Diese nutzen zwar auch das bundesdeutsche Netz der Telekom, diese bauen zwar auch auf Knotenpunkten innerhalb der Bundesrepublik und sogar den hiesigen Mailboxen auf, aber einen Zugriff haben die Behörden nicht, da die Leitungen nur als Transportmedium genutzt werden. Internet beispielsweise, das von seiner Ursprungsidee ein Datenverbund von Universitäten zum Austausch wissenschaftlicher Informationen sein sollte, hat somit auch deutsche Hochschulen als Mitglieder. Erst wenn dort pornographisches Material abgelegt werden würde, könnten deutsche Behörden darauf zugreifen. Ansonsten gilt das Rechtssystem des Landes, in dem der Anbieter sitzt. Dies hat bei der Neufassung des Gesetzes gegen den Besitz von Kinderpornographie dazu geführt, das man auf völlig unverständliche Weise ein fast abstruses Tatort-Prinzip eingeführt hat. Entscheidend für die strafrechtliche Zuständigkeit ist nämlich der Tatort. Wenn Bürger A in Hamburg aus einer Mailbox in München Kinderpornographie abruft, ist laut Gesetz der Tatort in Hamburg. Denn dort steht der PC. Zwar bietet diese gesetzliche Möglichkeit eine Chance, deutsche Nutzer zu bestrafen, wenn sie zum Beispiel aus US-Netzen Bilder abrufen, aber es führt – fürchten Kripobeamte in Deutschland – dazu, daß man nun vorrangig die Nutzer verurteilt, nicht aber die Anbieter. Dies insbesondere in den Fällen, in denen Kinderpornographie aus einem Land abgerufen wird, in dem die Bestimmungen liberaler als in der Bundesrepublik sind. Dann wird der Konsument bestraft (was ja durchaus richtig ist), aber der Hersteller geht straffrei aus, ein Ungleichgewicht, das kaum nachvollziehbar ist.

Richtig kompliziert wird es aber erst bei weltumspannenden Datennetzen. Diese haben nämlich nicht *einen* Betreiber, sondern sie setzen sich aus zahllosen Rechnern zusammen, die über öffentliche Datenleitungen privater oder öffentlicher Netzbetreiber miteinander verbunden sind. In Deutschland ist dies noch das Netz der Telekom, weil die ein Leitungsmonopol hat. Das amerikanische Beispiel einer weitgehenden Privatisierung auch dieses Sektors zeigt, daß es mehrere Netze nebeneinander geben kann, die miteinander verknüpft werden können. Eine erste Vorahnung davon hat die Bundesrepublik bei der Einführung des Mobilfunks bekommen, wo ja auch private Firmen eigene Netze (C-, D-, E-Netz) betreiben, zwischen denen man durchaus hin und her wählen kann.

Wenn es aber keinen greifbaren Betreiber, sondern gleichsam nur Mitglieder gibt, wird die Aufsicht über die Aktivitäten in diesem Netz nahezu unmöglich. Die Vereinigten Staaten haben dies zum Beispiel während des Golfkrieges am eigenen Leib erfahren müssen. Um die Kommunikations-Infrastruktur des Irak auszuschalten, versuchten US-Spezialisten, den Irak vom internationalen Datennetz abzukappen. Das mißlang deshalb, weil der Irak vorgesorgt hatte und sich über normale konventionelle Knotenpunkte in Internet einwählen und so seine Informationen transportieren konnte.

Ein anderes Beispiel stammt aus dem Krieg im ehemaligen Jugoslawien. Dort versuchten die Serben immer wieder vergeblich, die bosnischen Gegner von der Außenwelt abzukoppeln, damit die ohnehin fleißige serbische PR-Arbeit alleine die öffentliche Darstellung der Kriegsvorgänge übernehmen kann. Amateuerfunker und Computerfreaks in Sarajewo und einigen anderen Orten Bosniens machten den Serben einen Strich durch die Rechnung. Über internationale Datenleitungen, die problemlos ohne leitungsgebundene Telefonverbindungen angewählt werden können, verbreiten Bosnier Tag für Tag die neuesten Nachrichten von der Front bzw. den eingeschlossenen Regionen. Um es anders zu sagen: In diesen Netzen ist eine nationale Kontrolle unmöglich, eine internationale bestenfalls schwierig. Wobei die Politik ebenso wie die Sicherheitsbehörden weit von jeder Kooperation entfernt sind. Die Beispiele geübter Hacker, die sich mit etwas Übung sogar in die besonders gut geschützten Rechner des amerikanischen Verteidigungsministeriums oder der Weltraumbehörde NASA eingewählt haben, zeigen, daß die zweifellos ausgeklügelten Kontrollen gegen wirkliche kriminelle Energie machtlos sind. Dies betrifft übrigens nicht nur solche Sonderfälle.

Im Zusammenhang mit dem Umzug der Bundesregierung von Bonn nach Berlin, bei dem ja einige Ministerien am Rhein verbleiben sollen, wird die Errichtung eines umfassenden Datennetzes geplant. Zugleich sollen die Bundestagsabgeordneten ebenfalls Zugang zu internationalen Netzen erhalten, um die dort verfügbaren Informationen, Bibliotheken, Archive nutzen zu können. Kennern der Szene schwant schon jetzt, daß damit ein potentieller Gefahrenherd geschaffen wird, denn das Regierungsnetz wird, um diese Aufgaben erfüllen zu können, einen gateway, also eine Brücke, zum Internet bekommen.

Wo man aber hinaus kann, kann man auch hinein. Die Frage der Sicherung des Regierungsnetzes ist also eine zentrales Anliegen bei den Vorbereitungen. Zum Schutz gegen Eindringlinge wird dabei vor allem daran gedacht, sogenannte »Firewalls« (Feuerwände) zu errichten. So bezeichnen Computerspezialisten eine Art elektronische Eingangskontrolle, die nur den passieren läßt, der sich als berechtigter »Besucher« ausweisen kann.

Üblicherweise werden dafür Codewörter oder automatische Kennungen der Rechner benutzt, die diese selbständig absenden, wenn die Gegenanlage nach Identifizierung fragt. Diese Systeme haben sich in der Tat gegen reine Amateure bewährt. Für echte Hacker sind sie bestenfalls Herausforderungen. Wer nämlich, und das haben die Manipulationen an Telefonanlagen großer Firmen gezeigt, in der Lage ist, sich von seinem PC aus in eine solche Telefonanlage hineinzuwählen, kann sich von da aus mit einem beliebigen Terminal des Unternehmens oder der Behörde verbinden lassen und dann auf der Leitung dieses Rechners wieder hinauswählen. Auf diesem Umweg würde er unter Umständen von einer »Firewall« als berechtigter Nutzer identifiziert – und alle Daten stünden ihm offen.

Der Absatz ist mit Absicht im Konjunktiv gehalten, weil er sich auf das bundesdeutsche Regierungsdatennetz bezieht. Dieses ist im Aufbau, technische Details werden unter Verschluß gehalten, so daß noch keine Aussage darüber möglich ist, ob es tatsächlich leicht sein wird, in das Netz einzudringen. Aber die internationalen Erfahrungen lassen einiges vorausahnen. Geübte Hacker haben zum Beispiel in den Rechnern von US-Geldinstituten ganze Listen von Kreditkartennummern abgerufen und diese dann für eigene Zwecke benutzt. Das gleiche geschah mit den sogenannten persönlichen Identifikationsnummern (PIN) für Calling Cards. Mit Hilfe dieser Telefonkarten kann ein Kunde von jedem Telefongerät aus nach Eingabe seiner PIN-Nummer auf eigene Telefonrechnung telefonieren, faxen oder Daten übermitteln und abrufen. In den USA gibt es diesen Service für Telefonkunden seit vielen Jahren, in Deutschland seit Anfang 1995.

Auch in diesen Fällen gelang es Hackern immer wieder, die Geheimnummern abzurufen und dann auf Kosten des eigentlichen PIN-Inhabers teure Verbindungen zu nutzen.

Das Problem wird noch dadurch verschärft, daß ja nicht alle Mitarbeiter dieser Vergabestellen oder Rechnerkontrollen gegen jeden Versuch der Bestechlichkeit gefeit sind. Die großen Softwarefirmen wissen längst, daß es schwarze Schafe in den eigenen Reihen geben muß. Anders ist es nicht zu erklären, daß beispielsweise jahrelang geheimgehaltene Programme schon Wochen vor ihrer Veröffentlichung in irgendwelchen Mailboxen zum freien Abruf vorhanden waren. Die Versuchung ist groß, wenn die organisierte Kriminalität mit hohen Summen winkt, die keine öffentliche Sicherheitsbehörde zahlen könnte, selbst wenn sie die Dienste von Hackern bestens gebrauchen könnte.

Hinzu kommt, daß das technische Wissen um die Tricks und Kniffe mit Rechnern und Datennetzen immer weitere Kreise zieht. Was noch vor fünf oder zehn Jahren bestens gehütete Hackerkenntnisse waren, tauschen heute elf-, zwölfjährige Schüler zwischen Mathematik und Sport auf dem Pausenhof aus. Über verdeckte Kanäle wird beispielsweise von den USA aus eine CD-ROM in alle Welt geschickt, die über tausend Programme zum Entschlüsseln von Codewörtern, Überwindung von Firewalls, Knacken von Kreditkartennummern und ähnlichem enthält. Damit ist praktisch kein Geldinstitut, kein Polizeirechner, kein militärischer Computer mehr absolut sicher vor Eindringlingen, die keineswegs immer kriminelle Absichten haben, aber die oft genug »Sponsoren« für ihr teures Hobby suchen.

Angesichts dieser Entwicklung ist es völlig unverständlich, daß die großen Industrienationen zwar Anfang 1995 zu einem Gipfeltreffen über den Ausbau der internationalen Datennetze zusammenkamen, aber der Frage der Aufsicht oder Kontrolle keinen ihrer elf Schwerpunkte widmete. Die Politik muß sich da fragen lassen, ob sie wirklich Entwicklungen in Gang setzen will, über deren Auswirkungen und Gefährdungen sie sich wieder einmal erst hinterher Gedanken machen will.

Der Umgang mit der Kinderpornographie ist vor diesem Hintergrund ein besonders besorgniserregendes Beispiel für Lücken, Defizite und einen Nachholbedarf, der größer nicht sein kann.

Sind Bits auch ein Bild?

Wenige Wochen nachdem die »Augsburger Allgemeine« im November 1994 die Vorgänge um Kinderpornographie und -prostitution in Datex-J und anderen Datennetzen veröffentlicht hatte und nachdem feststand, daß daraus ein umfassendes Buch erstellt werden sollte, beauftragte Bundesjustizministerin Sabine Leutheusser-Schnarrenberger die Experten ihres Hauses, die rechtliche Situation in einem kurzen Gutachten zusammenzufassen. Sie wollte besonders folgende drei Fragen beantwortet haben:

1. Reicht das geltende Strafrecht aus, BTX-Angebote, die im Zusammenhang mit Kinderpornographie stehen, zu erfassen?
2. Welche Schwierigkeiten gibt es bei der Verfolgung von Straftaten, die über Datennetze begangen oder vorbereitet werden?
3. Welche Möglichkeiten zur Verhinderung solcher Angebote gibt es?

In der Antwort zur ersten Frage verweisen die Experten des Ministeriums auf die Bundestagsberatung über das 27. Strafrechtsänderungsgesetz. Dabei wurde im Zusammenhang mit Kinderpornographie eine gesetzliche Klarstellung in dem Sinne diskutiert, daß Angebote für entsprechende Schriften auch dann strafrechtlich verfolgt werden können, wenn diese über Datex-J/BTX verbreitet werden.

Dazu, so das Ministerium, gibt es drei verschiedene Fallbeispiele, die unterschiedlich beurteilt werden müßten:

Fall 1: Eine kinderpornographische Videokassette wird über eine Anzeige im Datex-J-Netz angeboten – zum Beispiel »Lolita-Video, Postfach xy, (Holland).

Dabei handelt es sich, so die Juristen, um ein strafbares Anbieten, möglicherweise auch um ein ebenfalls strafbares Ankündigen von pornographischen Schriften im Sinne des Paragraphen 184 des Strafgesetzbuches. Die angebotene Videokassette falle auch als Bildträger unter den Begriff »Schrift«, wie er im Absatz 3 des gleichen Paragraphen sowie in Absatz 3 des Strafgesetzbuches festgelegt worden ist. Für einen Verstoß gegen den Paragraphen 184 sei es unerheblich, ob das Anbieten, Ankündigen oder Anpreisen schriftlich, mündlich, telefonisch oder im Datennetz erfolgt. Insofern bestehe für diesen Fall kein gesetzlicher Handlungsbedarf.

Fall 2: Kinder werden in einer Anzeige über das Datensystem zum sexuellen Mißbrauch angeboten. Hierbei geht es streng genommen nicht um Kinderpornographie, aber diese Vorfälle werden in dem Zusammenhang ja auch immer mit erwähnt. Beispiel: »Geschwister, 12 und 13 Jahre ... pro Nacht 1000 Mark.« In diese Gruppe, so das Ministerium weiter, gehört auch das in der Bundestagsdebatte 1993 erwähnte Beispiel »Lolita-Kontakt: Mona, ganz lieb, Konfektionsgröße 134.«

Nach Meinung der Experten werden auch solche Fälle vom geltenden Strafrecht erfaßt. Hier komme öffentliche Aufforderung zu Straftaten, wie sie der Strafrechtsparagraph 111 regelt, in Betracht. Voraussetzung sei allerdings, daß sich »aus der Anzeige mit hinreichender Deutlichkeit ergibt, daß es sich um Kinder unter 14 Jahren oder Jugendliche unter 16 Jahren handelt und durch die Anzeige öffentlich zum sexuellen Mißbrauch von Kindern oder Jugendlichen (siehe die Paragraphen 176 oder 182) aufgefordert wird. Auch die Vorschriften des § 180 über die Förderung sexueller Handlungen Minderjähriger könnten angewandt werden. Außerdem, heißt es in dem Papier der Fachleute weiter, handele es sich, »sofern der so angebahnte sexuelle Mißbrauch von Kindern zumindest bis ins Versuchsstadium gelangt, um eine strafbare Anstiftung oder Beihilfe zum sexuellen Mßbrauch«.

Darüber hinaus komme, sollte im Einzelfall keine Straftat vorliegen, auch eine Ahndung als Ordnungswidrigkeit gemäß den Paragraphen 119 und 120 des Ordnungswidrigkeitengesetzes in Betracht, die grob anstößige und belästigende Handlungen sowie Werbung für Prostitution unter Strafe stellen.

Fall 3: Das Datex-J-Angebot selbst stellt den sexuellen Mißbrauch von Kindern dar. Hierbei seien pornographische Texte, Graphiken oder Fotos denkbar. Filme oder Videos würden derzeit noch nicht über Datex-J angeboten, eine Einschränkung, die schon bald nicht mehr zutreffen wird.

Solche Fälle, heißt es in dem Ministeriumspapier, seien bisher nicht berichtet worden.

Dennoch müsse, sollten Beispiele dafür erbracht werden, auch hier wiederum unterschieden werden. Handele es sich um BTX-Seiten, die von jedem Anschluß aus abrufbar sind, würde eine kinderpornographische Schrift im Sinne des Paragraphen 184 öffentlich zugänglich gemacht. Der Anbieter mache sich also strafbar.

Diese Ausführungen, das muß hier ergänzt werden, wären ein deutlicher Fortschritt. Zulange gab es nämlich unter Juristen Auseinandersetzungen darüber, ob ein Bild, das lediglich auf einem Computer darstellbar ist, also nicht auf Papier oder Film vorliegt, auch als »Schrift« im Sinne des Gesetzes gilt. Dann wären nämlich die Herstellung, Verbreitung und der Besitz von kinderpornographischen Computerbildern nicht vom Gesetz erfaßt worden. Dies hätte angesichts der technischen Entwicklung weitreichende Folgen gehabt, da in unmittelbarer Zukunft auch Videosequenzen und Kurzfilme via Datennetz abrufbar werden. Entsprechende Filme auf CD-ROM-Datenträgern gibt es längst.

Das Ministerium stellt jedoch jetzt fest, daß der im Datex-J-Verfahren verwendete Datenträger, der dem Anbieter zum »Beschreiben« zur Verfügung gestellt wird, durchaus im Sinne des Strafrechtsparagraphen 11 ein Bildträger ist und damit auch eine Schrift, die im Falle von Kinderpornographie unter den Paragraphen 184 falle. Dies, so heißt es weiter, habe das Oberlandesgericht Stuttgart in einem Spruch vom September 1991 eindeutig festgestellt.

Die Richter hatten allerdings damals offen gelassen, ob die auf dem Bildschirm sichtbar werdenden Zeichen selbst die Voraussetzungen des Schriftenbegriffs erfüllen. Das Ministerium kann sich aber auf andere unwidersprochene Entscheidungen berufen. Weder das Verwaltungsgericht Köln (19. Februar 1991, Az: 17 K 4217/90) noch das Oberverwaltungsgericht Münster (22. September 1992) noch das Bundesverwaltungsgericht (29. Mai 1990) hätten in Zweifel gezogen, daß es sich bei der einer BTX- oder Fernsehsendung zugrunde liegenden Magnetaufzeichnung um eine Schrift im Sinne des Paragraphen 11 Strafgesetzbuch handelt.

Das Merkmal »öffentlich zugänglich machen« liege dann vor, wenn die Möglichkeit besteht, vom Inhalt einer »Schrift« – und sei es gegen Entgelt und mit Hilfe eines Gerätes – Kenntnis zu nehmen. Die »körperliche Übergabe« einer Schrift, die mit dem Wort »verbreiten« üblicherweise assoziiert wird, sei nicht erforderlich. Für das Wort »öffentlich« sei entscheidend, daß das Angebot von einer letztlich unbestimmten Anzahl von Personen wahrgenommen wird.

Fazit: Gesetzlicher Handlungsbedarf besteht nicht.

Was ist jedoch, wenn ein kinderpornographisches Angebot über Datex-J nur einer geschlossenen Benutzergruppe zugänglich gemacht wird?

Sollte, so die Antwort der Juristen, »praktisch jeder Interessierte Zugang zur Benutzergruppe erhalten, liegt auch hier ein »Öffentlich-zugänglich-Machen« vor. Nur wenn der Zugang auf einen überschaubaren Personenkreis beschränkt sein sollte, ist das Kriterium »öffentlich« in Zweifel zu ziehen. Dies sei beispielsweise der Fall, wenn nur eine kleine Zahl von Datex-J-Anschlüssen Zugang hat und/oder ein zusätzliches persönliches Codewort nötig ist.

Auch, schreibt das Ministerium weiter, seien bisher keine Fälle bekannt geworden, daß Kinderpornographie auf diese Weise verbreitet worden sei, so daß der Gesetzgeber keine Notwendigkeit zum Handeln habe. »Man wird die Entwicklung jedoch sorgfältig beobachten müssen«.

Völlig anders liegt der Fall, wenn Datex-J-Nutzern innerhalb von Dialogsystemen (online-Dialogen) die Möglichkeit eingeräumt wird, selbst Texte zu verfassen und mehreren anderen Teilnehmern zugänglich zu machen. Hier sei es »fraglich«, ob solche Texte als Schriften im Sinne des Paragraphen 184 anzusehen sind. Denn dabei könnte, wie es juristisch sauber heißt, »an der begrifflich vorausgesetzten Dauerhaftigkeit der Verkörperung dieses Textes fehlen«. Mit anderen Worten: Hier wird nur für den kurzen Dialog notiert und nicht gespeichert. Was schon deswegen falsch ist, da die Teilnehmer selbst die Dialoge mitschneiden und/oder speichern und sogar an andere versenden können.

Auch das Merkmal »öffentlich« treffe hier wohl nicht zu. Dennoch gebe es keine Notwendigkeit einer Strafnorm oder einer gesetzlichen Regelung. Denn dabei handele es sich letztlich um eine, wenngleich durch das Medium BTX provozierte »Individualkommunikation«, vergleichbar einem Telefongespräch oder einem Briefwechsel. Ein kinderpornographischer Inhalt wäre auch nicht mit einem tatsächlichen sexuellen Mißbrauch von Kindern in Verbindung zu bringen, so daß der gesetzgeberische Grund für das 27. Strafrechtsänderungsgesetz, die mittelbare Förderung des sexuellen Mißbrauchs von Kindern zu unterbinden, auf diese Sachverhalte nicht zutrifft.

Auch in diesem Fall gebe es keinen gesetzlichen Handlungsbedarf. Andererseits, kommt das Ministerium abschließend zu dem Gesamtkomplex der ersten Frage zu dem Schluß, »stehen einer teils gesetzlichen Klarstellung teils ergänzenden Regelung, daß sämtlichen kinderpornographischen Angebote im Sinne des dritten Falles von der Strafandrohung des Paragraphen 184 erfaßt werden sollen, in der Sache keine durchgreifenden Bedenken entgegen.«

Zur zweiten Frage nach den Schwierigkeiten der Verfolgung solcher Straftaten ergeben sich nach Ansicht des Bundesjustizministeriums Probleme bei der Aufdeckung und Aufklärung der Straftaten, die oben als Fall 1 und 2 dargestellt wurden. Insbesondere sei die Feststellung des Anbieters ein großes Problem.

Zwar seien nach einer Mitteilung des Bundesministeriums für Post und Telekommunikation nach dem Anfang 1992 in Kraft getretenen neuen Bildschirmtext-Staatsvertrag Anbieter sogenannter Pinwände verpflichtet, Namen, Anschriften und Teilnehmernummern ihrer Kunden einen Monat lang ab Ende der Abrufbarkeit zu speichern. Auf diese Angaben könnten dann die Strafverfolgungsbehörden bei Verdacht strafbarer Handlungen im Wege der Beschlagnahmung zugreifen. Andererseits sei dafür Voraussetzung, daß die Behörden rechtzeitig von solchen Angeboten erfahren. Und das, räumen die Juristen ein, wird »regelmäßig nicht der Fall sein«.

Auf die Frage, welche Möglichkeiten es zur Verhinderung solcher Angebote gibt, wird zunächst mit Hinweis auf das Grundgesetz die Zuständigkeit von Bund und Ländern unterstrichen. Demnach ist es der Bundesregierung nicht gestattet, auf den Inhalt von Bildschirmtext-Informationen Einfluß zu nehmen oder diese zu überwachen. Nachdem Datex-J als rundfunkähnliches Medium eingeordnet wurde, obliegt diese Aufgabe den Ländern, die hierzu den entsprechenden Staatsvertrag geschlossen haben.

Wie erwähnt, sind laut Staatsvertrag Angebote, die pornographisch sind, unzulässig und können nach Paragraph 15 als Ordnungswidrigkeit mit Geldbuße bis zu 250.000 Mark geahndet werden. Paragraph 13 bietet den zuständigen Landesbehörden eine Handhabe, das Anbieten von Informationen, die gegen die allgemeinen Strafgesetze und Bestimmungen über den Jugendschutz verstoßen, zu untersagen und eine Sperrung anzuordnen, die ohne zeitliche Verzögerung durch die Deutsche Telekom AG umgesetzt werden kann.

Das entscheidende Problem, räumt das Bundesjustizministerium selber ein, dürfte aber darin bestehen, daß die Kontrollbehörden der Länder personell nicht so stark ausgestattet werden können, daß eine ständige Überwachung der Vielzahl von Datex-J-Angeboten möglich ist.

Der BTX-Koordinierungskreis der Länder berät unter Hinzuziehung der Deutschen Telekom die Erstellung eines Verhaltenskodex. Zugleich wurde ein Selbstkontrollgremium aus Anbietern, Nutzern und Telekom eingerichtet.

Die Telekom beruft sich, auch gegenüber den Juristen, auf ihre neuen Geschäftsbedingungen, die »als vertragsrechtliche Möglichkeiten« bezeichnet werden, BTX-Angebote, die das Ansehen der Telekom schädigen, bzw. solche mit rechts- und (gemeint ist wohl oder) sittenwidrigem Inhalt zu unterbinden. Eine weitergehende länderübergreifende Überwachung ließe sich nur durch eine Änderung des BTX-Staatsvertrages erreichen, die wiederum den Ländern obläge. Unmittelbare eigene Handlungsmöglichkeiten gegenüber den Ländern wie der Telekom als selbständiger juristischer Person stehen der Bundesregierung dagegen nicht zu. Schlußsatz des Papiers aus dem Bundesjustizministerium: »Es könnte jedoch gegenüber der Öffentlichkeit auf die Möglichkeit hingewiesen werden, bei Auffinden strafbarer Angebote die zuständigen Landesbehörden zu unterrichten.«

Fassen wir also den rechtlichen Status quo zusammen, wie er sich derzeit darstellt:

Die **Telekom** stellt das Netz zur Verfügung, geht gegen Anbieter von Kinderpornographie nach eigenen Angaben nur dann vor, wenn etwas publik wird. Das seit Mai 1995 arbeitende Gremium zur Selbstkontrolle geht nur öffentlich gewordenen Vorwürfen nach, eigene Initiativen oder Kontrollen gibt es nicht. Auch wenn es ernsthafte Bemühungen gibt, eine Art selbstverpflichtenden Ehrenkodex zu entwerfen.

Die **Anbieter** wären zur Einhaltung der Telekom-Geschäftsbedingungen sowie der gesetzlichen Strafvorschriften verpflichtet, glauben aber die Verantwortung durch eigene Geschäftsbedingungen auf die Nutzer abwälzen zu können.

Die **Bundesregierung** kann eigentlich gar nichts tun, weil Datex-J- und auch alle anderen internationalen Netzwerke Ländersache sind. Sie konstatiert aber immerhin einen Bedarf an zusätzlichen Klarstellungen bzw. Präzisierungen in einzelnen Regelwerken. Von den Strafvorschriften zum Schutz der sexuellen Selbstbestimmung ganz zu schweigen.

Die **Länder** haben den neuen Staatsvertrag um Jugendschutzbestimmungen erweitert, die Aufsicht aber nicht der Polizei, sondern nachgeordneten Verwaltungsbehörden übergeben.

Die **öffentliche Verwaltung** ist personell mit der Kontrolle überfordert und von der Sache her völlig ungeeignet, um des breiten und versteckten Angebots Herr zu werden. Technisch sind die Ämter zum Teil ungenügend ausgerüstet. Bei einer Umfrage im Vorfeld der ersten Veröffentlichungen zeigte sich, daß einige mit der Aufsicht über Datex-J beauftragten Ämter nicht einmal BTX-Anschluß hatten.

Die **Staatsanwaltschaft** greift von sich aus überhaupt nicht ein und harrt der Anzeigen, die da aus dem Nutzerkreis kommen oder nicht kommen.

Was bleibt, ist die Frage, was die Sicherheitsbehörden selbst – Polizei, Landeskriminalämter etc. – in der Frage der Kontrolle von Datennetzen eigentlich tun oder tun können?

Die Polizei – Dein Freund und hilfloser Helfer

Die Sicherheitsbehörden – Polizei, Landeskriminalämter, Staatsanwaltschaften – waren lange mit der Kontrolle der Datenautobahn nicht betraut. Ihre Aufgabe bestand und besteht darin, dann tätig zu werden, wenn Gesetzesverstöße festgestellt und/oder angezeigt werden. Dieser wichtige erste Schritt mußte und muß entweder von den für die Aufsicht der Netze zuständigen Behörden oder durch Einzelpersonen erfolgen, also Nutzer zum Beispiel, denen in einem Netz Dinge auffallen.

Zum ersten Mal wurden die Behörden Ende der 80er Jahre aufgeschreckt, als erste Berichte über kinderpornographische Anzeigen sowie offene Angebote zur Prostitution Minderjähriger in dem damaligen Bildschirmtext auftauchten. Daraus entstand jene überparteiliche Abgeordneten-Initiative, die erreichte, daß mit Wirkung zum 1. Januar 1992 der BTX-Staatsvertrag um Bestimmungen zum Jugendschutz erweitert wurde. Zugleich kam es zu einer Debatte um die Frage, ob es wirklich reiche, lediglich Herstellung und Vertrieb von Kinderpornographie unter Strafe zu stellen. Als der Bundestag am 9. Oktober 1992 das 27. Strafrechtsänderungsgesetz debattierte, zeigte vor allem die SPD-Abgeordnete Erika Simm den ganzen Widersinn der damaligen Praxis auf: »War es doch bisher so, daß sichergestelltes kinderpornographisches Material nicht selten von der Polizei wieder an den Besitzer ausgehändigt werden mußte, weil ihm eben nichts anderes als der Besitz zu beweisen und mangels Strafvorschrift nicht nur keine Bestrafung, sondern auch keine Einziehung möglich war. Polizeibeamte haben mir gegenüber in persönlichen Gesprächen diese Hilflosigkeit wiederholt zornig beklagt.«

Das Parlamentsprotokoll verzeichnet an dieser Stelle »Beifall im ganzen Haus«. Frau Simm weiter: »Das vorgesehene Strafmaß (Freiheitsstrafe von bis zu einem Jahr oder Geldstrafe) berücksichtigt aber nicht hinreichend, daß es ohne die Abnehmer keinen Markt für Kinderpornographie gäbe, daß also die Nachfrage der Konsumenten den entscheidenden Anreiz darstellt, kinderpornographische Videofilme herzustellen und zu diesem Zweck zu mißbrauchen. Die **Abnehmer** sind somit eigentlich als **Anstifter** zu betrachten, und sie sind meiner Meinung nach auch als solche zu behandeln.«

Kurz darauf ergänzte der Unions-Abgeordnete Heinrich Seesing: »Die Grenze des Tragbaren ist auch in unserer Gesellschaft längst überschritten. Es muß der Versuch gemacht werden, in einem Teilbereich, nämlich dem der Kinderpornographie, die Grenzen neu aufzuzeigen. Wahrscheinlich sind noch strengere Strafen, als bisher vorgesehen, dafür notwendig.«

Die gesamte Debatte war ein einziges, parteienübergreifendes Dokument der Verabscheuung von Kinderpornographie, was sich schließlich in der einmütigen Annahme des Gesetzentwurfes zeigte, mit dem seit 1993 auch der Besitz von Kinderpornographie unter Strafe steht.

Der Polizei, die nun einmal nicht nach moralischen Gesichtspunkten arbeiten kann, sondern ausschließlich auf der Grundlage der geltenden Gesetze, wurde damit ein weiteres Hilfsmittel an die Hand gegeben, gegen den Kreis der Abnehmer vorzugehen und sichergestelltes Material auch wirklich einzuziehen und zu vernichten.

Nahezu gleichzeitig hat das Land Baden-Württemberg in diesem Bereich die Initiative übernommen und schon 1989 nach Rücksprache mit allen Bundesländern die für das ganze Bundesgebiet zuständige »Zentrale Auswertungsstelle Kinderpornographie« gegründet, die beim Landeskriminalamt Baden-Württemberg in Stuttgart angesiedelt ist. »Wir wollten nicht nur gegen offene Angebote vorgehen können«, sagt der Leiter Egbert Heinisch, »sondern vor allem das Dunkelfeld in diesem Bereich aufhellen, wo wir beachtliche Erfolge verzeichnen konnten.« Zwar werde die Situation auch in den Medien häufig »dramatischer dargestellt, als sie in Wirklichkeit ist«. Aber auch Heinisch geht neben »privaten Gelegenheitsherstellern« inzwischen davon aus, daß es »durchaus organisierte Strukturen für die Herstellung und Verbreitung von Kinderpornographie gibt«.

Das Modell Stuttgart besteht darin, nicht nur auf der Polizei-Ebene zu arbeiten, sondern die Kooperation mit Ärzten, Beratungsstellen, Staatsanwälten und Sicherheitsbehörden anderer Länder zu suchen, auch wenn das vorrangig auf den Austausch von Erkenntnissen beschränkt bleibt.

Dennoch spricht Heinisch von »deutlichen Fortschritten, nicht zuletzt durch das 1993 geänderte Gesetz«, mit dem der schon vorher mögliche Opferschutz nun konsequent angewendet werden könne. So könne die Polizei heute zum Beispiel »Kinder gegen den Willen der Eltern rausholen«, wenn diese mit den Minderjährigen Mißbrauch betreiben. Sind es doch nicht selten die Eltern selbst, die mit ihren Kindern den großen Reibach machen wollen. Immerhin, so Heinisch weiter, koste ein Video im Verkauf rund 800 bis 1500 Mark, wovon die Eltern der kindlichen Darstellerinnen und Darsteller bis zu 600 Mark erhalten. »Diese Kinder sind die Ärmsten der Armen«, erzählt Heinisch aus dem Alltag seines Arbeitskreises. »Was wir da oft zu sehen bekommen, geht wirklich an die Substanz.«

Von Beginn der Arbeit dieser Sondergruppe der Kripo an gingen die Ermittler gegen Anbieter im Datex-J-Netz vor. So unterstreicht auch Heinisch: »Eine gute Vorbeugung gegen kinderpornographische Angebote wäre schon allein dadurch gegeben, daß sich Hersteller und Abnehmer nicht derart anonym in den Dialogsystemen bewegen könnten.« Zumal es durchaus andere Beispiele gibt, wo zum Beispiel hinter dem Pseudonym des Nutzers gleich seine vollständige BTX-Anschlußnummer weitergegeben wird. Heinisch: »In diesen Sytemen gibt es keine Probleme mit Kinderpornographie oder -prostitution. Weil jeder viel zu leicht identifizierbar ist.« Tatsächlich hat dann auch unter dem Druck der Veröffentlichungen einer der meist gescholtenen Anbieter »Eden« Anfang Juni einen wichtigen Schritt zur Aufhebung der Anonymität getan. Dort werden seither die Online-Kunden so erfaßt, daß sie jederzeit identifiziert werden könnten. Wo der Experte für dieses schmierige Geschäfte natürlich schweigt, ist bei der Frage nach der Arbeitsweise seiner Kollegen. Nur soviel: »Ohne viel Engagement auch über die Dienstzeit hinaus ginge vieles nicht.«

Würde sich die Polizei nämlich strikt an ihre Arbeitszeit halten, bekäme sie in den Datensystemen bestenfalls ein paar Animateure und verbalerotisch-angehauchte Dialoge mit. Das Geschäft läuft in der Nacht ab. Und da hat die Polizei anderes zu tun, als per Computer die Datensysteme zu überwachen. Mehr noch. Hier stößt man nämlich an eine erste Grenze der polizeilichen Fahndungsarbeit, über die freilich niemand so gerne spricht.

Wie bereits oben beschrieben, dürfen bestimmte nicht jugendfreie Angebote analog zu den Regelungen beim Fernsehen nur zwischen 23 und sechs Uhr stattfinden. Ein Verstoß dagegen gilt aber nicht als Straftat, sondern als Ordnungswidrigkeit, wenn auch mit hohem Bußgeld belegt. Für eine Ordnungswidrigkeit aber sind die Sonderstäbe der Polizei nicht mehr zuständig. Diese müßten wiederum von den Verwaltungen der Regierungsbezirke oder vergleichbaren Behörden verfolgt werden. Abgesehen davon, daß die dortigen BTX-Beauftragten kaum zwischen 23 Uhr und sechs Uhr im Netz sein werden (es würde schon reichen, die entsprechenden Angebote daraufhin zu überprüfen, ob der notwendige und vorgeschriebene Warnhinweis diesen Diensten vorgeschaltet ist), darf mit Fug und Recht bezweifelt werden, ob die Verwaltungen über das geeignete Instrumentarium verfügen, in solchen Fällen Ermittlungen zu führen, an deren Ende schließlich die Verhängung eines Bußgeldes von bis zu 250.000 Mark stehen kann.

Die Grenzen der Ermittler sind per Gesetz aber noch in anderer Hinsicht eng gesteckt. Bis vor kurzem durfte kein Polizeibeamter verdeckt als Anbieter oder gar Interessent auftreten, was bedeutet hätte, daß er eine Straftat zumindest anbieten muß, um eine andere zu verhindern. Nur so nämlich funktioniert beispielsweise die Übermittlung von Kinderpornographie in den Datennetzen: als Tauschgeschäft – schick mir ein Kinderporno von Dir, kriegst Du eins von mir. Woher sollte die Polizei Kinderpornos haben? Und selbst wenn sie welche gehabt hätte – sie hätte sie nicht einsetzen dürfen.

Diese Grenze ist soll nun angeblich fallen. Denn nach Baden-Württemberg hat auch Bayern aus den Veröffentlichungen Konsequenzen gezogen. Wenige Monate nach den ersten Enthüllungen verkündete der bayerische Innenminister Günter Beckstein (CSU), der Freistaat werde nun eine Sondergruppe mit speziell ausgebildeten Fahndern auf die Datenautobahn schicken. Diese »Arbeitsgemeinschaft EDV«, die neben Kinderpornographie die rechnergestützte Kriminalität insgesamt bekämpfen soll, sei die Konsequenz aus der Erkenntnis, daß die »Dimensionen, die die Nutzung von Datennetzen durch kriminelle Elemente nach den für die Bekämpfung der organisierten Kriminalität entwickelten Maßstäben betrachtet und ernst genommen werden müssen.«

Und dies heißt, so Beckstein ausdrücklich, daß »verdeckte operative Maßnahmen« der Sonderfahnder durchaus möglich sein sollen. Beckstein, der ursprünglich lediglich einige Polizeibeamte und Staatsanwälte bei den Stuttgarter Kollegen besser ausbilden lassen wollte, wollte damit sozusagen »Nägel mit Köpfen« machen und stellte der »Arbeitsgemeinschaft EDV« in Aussicht, sie nach Ablauf der einjährigen Testphase zum Kommissariat zu erheben, was eine entsprechende personelle und technische Ausstattung bedeuten würde. Was die bayerische Staatsregierung jedoch noch längst nicht beseitigt hat, sind die strukturellen Probleme. Die Regierungsbezirke sind nach wie vor für Ordnungswidrigkeiten zuständig, die »AG EDV« für Straftaten und weil Prestige auch bei den Sicherheitsbehörden eine große Rolle spielt, will das Landeskriminalamt auch immer mitreden. Das ist kein bayerisches Sonderproblem. Entscheidend aber ist etwas anderes: Die Ermittler haben den Auftrag, nun auch verdeckt mit Pseudonymen zu arbeiten. Das ist ein wichtiger Fortschritt, auch wenn der nur halbherzig bleibt. Denn so kann man beispielsweise Datex-J oder Mailboxen nach pornographischen Angeboten durchforsten. Um die Angebote einer Mailbox aber zu prüfen, müßten die Beamten ihre persönlichen Angaben einschicken. Und was ein Betreiber mit Ausweis eines Polizisten machen würde, ist leicht vorzustellen.

Dennoch: Wer die beiden Dienststellen in Stuttgart und München besucht und mit den Mitarbeitern spricht, hat den Eindruck, daß hier professionell vorgegangen wird – wenn man bereit ist, von den Defiziten in der Besetzung und Ausrüstung abzusehen. Dies ist nämlich im normalen Polizeialltag längst nicht der Fall. Unmittelbar nach den ersten Zeitungsberichten hatte zum Beispiel der Kinderbeauftragte der bayerischen SPD-Fraktion im Landtag, Eberhard Irlinger, von der Staatsregierung gefordert, sie solle der Polizei ab sofort kostenlosen Zugang zum Datex-J-Netz der Telekom gewähren, damit »Ermittlungen nicht am Ende aus Kostengründen scheitern«. Dies räumte das Innenministerium auch sofort ein, unterließ es aber darauf hinzuweisen, daß eine ganze Anzahl der Polizeipräsidien im Freistaat nun zwar einen gebührenfreien Zugang, aber kein Datex-J-fähiges Bildschirmgerät hatten. Eine Umfrage in anderen Bundesländern ergab, daß die Situation hier nicht anders ist. Veränderungen wurden auch hier eingeleitet, sind aber noch weit von einer befriedigenden Versorgung und Ausstattung der Polizeipräsidien entfernt.

Zugleich signalisierten Politiker von Bund und Ländern wenig Bereitschaft, über eine Neuordnung des Staatsvertrages nachzudenken, um beispielsweise der bundesweit zuständigen »Arbeitsgemeinschaft Kinderpornographie« auch bundesweite Kompetenzen zu geben. So blieb dem bayerischen Innenministerium in München nach den ersten Berichten der »Augsburger Allgemeinen« über Angebote zur Kinderprostitution nichts anderes übrig, als die hessische BTX-Beauftragte aufzufordern, den Berichten nachzugehen. Denn der Sitz des Anbieters war Frankfurt. So ist es denn auch auch nicht überraschend, daß die Sache schließlich im Sande verlief. Die Frage, warum man nicht die Staatsanwaltschaft einschaltete, blieb bis heute unbeantwortet.

Diese Strukturen, in der jeder nur für einen Ausschnitt und niemand für das Ganze verantwortlich ist (wobei alle ohnehin nur Datex-J und Mailboxen, aber keiner die globalen Netze beaufsichtigt), haben denn wohl auch dazu geführt, daß Politik, Telekom und Sicherheitsbehörden sich weitgehend auf eine Position zurückziehen, die da heißt: Ist doch alles halb so schlimm. Sind doch nur Verbalerotiker.

Unmittelbar nach den ersten Enthüllungen wollte die SPD-Bundestagsabgeordnete Ulla Schmidt in einer schriftlichen Anfrage an die Bundesregierung wissen, ob ihr bekannt sei, daß im Datex-J-Dienst Angebote von Videos und CD-Datenträger (CD-ROM) mit kinderpornographischen Angeboten verbreitet und Kinder mittels Teledialogen zur Prostitution angeboten werden. Antwort des Bundesministeriums für Familie, Senioren, Frauen und Jugend: »Erkenntnisse zu der angesprochenen Problematik werden der Bundesregieung durch das Bundeskriminalamt, das aus einzelnen Verfahren der Landespolizeien von solchen Nutzungen erfahren hat, vermittelt. Die Bundesregierung bekräftigt ihre Auffassung, daß der Entwicklung im Bereich der Kinderpornographie mit Entschiedenheit entgegengewirkt werden muß und alle Anstrengungen zu unternehmen sind, um den sexuellen Mißbrauch von Kindern zu verhindern.. Die Überwachung obliegt allerdings in diesem Bereich nach §§ 9 und 14 des BTX-Staatsvertrages in erster Linie den Ländern.« Und auf die weitere Frage von Frau Schmidt, welche Erkenntnisse der Bundesregierung über Kinderpornographie und die Vermittlung Minderjähriger zur Prostitution in internationalen Datennetzen vorliegen, heißt es lapidar: »Der Bundesregierung liegen hierzu keine neueren Erkenntnisse vor.«

Ulla Schmidt gab sich damit nicht zufrieden und ging daraufhin auch die Generaldirektion der Deutschen Telekom AG in Bonn an. Aus der Antwort vom Januar 1995: »Wir können Ihnen versichern, daß auch wir den in Ihrem Schreiben aufgeführten Artikel (der ›Augsburger Allgemeinen‹) mit gleicher Bestürzung und Empörung zur Kenntnis genommen haben.« Und weiter: »Unsere Erkenntnisse bezüglich Kinderpornographie in internationalen Datennetzen beschränken sich auf die allgemeinen Presseveröffentlichungen. Hiernach kann vermutet werden, daß in einer Vielzahl von nationalen und internationalen Rechnern (Datenbanken und Mailboxen), d.h. außerhalb von Datex-J, Informationen mit rechts- und sittenwidrigen Inhalten abrufbar sind.«

Aber: »Die von Ihnen angesprochene moralische Verpflichtung kann für die Deutsche Telekom u. E. auch bei diesem moralisch verwerflichen Thema ›Kinderpornographie‹ kein Mandat zur Vorgehensweise entgegen legislativ festgelegter Verfahrensabläufe erzwingen. Die Deutsche Telekom wird und darf nach den rechtlichen Grundsätzen als Übermittler von Nachrichten auf ihren Leitungen und in den Datennetzen keine Überwachungssysteme aufbauen. Dieser Grundsatz gilt für jede Art der Individualkommunikation, ob per Sprache oder Daten.« Und abschließend heißt es: »Hier sind nach unserer Auffassung die gesetzgebenden Kräfte aufgefordert, praktikable und an die internationalen technischen Möglichkeiten angepaßte Regelungen zu erstellen.«

Mit anderen Worten: Der Bund schiebt die Verantwortung den Ländern zu, die diese nach allen geltenden Regelungen auch haben. Die Länder wiederum appellieren an die Telekom, mehr zu tun. Die Telekom wiederum verweist – auch zu Recht – auf die geltenden Verträge und schiebt den Schwarzen Peter dem Gesetzgeber zu, womit die Karte wieder am Anfang wäre. Und alles bleibt beim alten.

Damit sich daran auch nichts ändern muß, untermauern alle Beteiligten ihren Standpunkt noch mit dem Argument »alles übertrieben«. Der Parlamentarische Geschäftsführer der CDU/CSU-Bundestagsfraktion Eduard Oswald versuchte nach den ersten Berichten, dem Bundesminister für Post und Telekommunikation, Wolfgang Bötsch (CSU), in einem Schreiben klarzumachen, daß durchaus »dringlicher Handlungsbedarf in folgenden Punkten« bestehe:

1. »Wir brauchen Vereinbarungen auf internationaler Ebene zur Bekämpfung der Verbreitung von Kinderpornographie über Bildschirmtext-Systeme und Mailbox-Systeme. Daneben muß eine effektive Kontrolle der bundesdeutschen und internationalen Datennetze stattfinden.
2. Die Telekom muß aufgefordert werden, 1995 mit der Privatisierung in den allgemeinen Geschäftsbedingungen den Kunden strengere Auflagen als bisher zu machen.
3. Die gewerbliche Nutzung von Datex-J und Mailboxen sollte über Staatsgrenzen hinweg weitgehend einheitlichen Rahmenbedingungen unterworfen werden.«

Die Antwort einige Tage später wimmelt nur so von Abwiegelungen, die natürlich beginnen mit »Die Auffassung, der Entwicklung im Bereich der Kinderpornographie müsse entgegengewirkt werden, findet meine ungeteilte Zustimmung. Es müssen alle Anstrengungen unternommen werden, um den sexuellen Mißbrauch von Kindern so weit nur irgend möglich zu verhindern. Das ist die Politik der Bundesregierung.«

Aber: »Nach der Zuständigkeitsabgrenzung zwischen Bund und Ländern, wie sie im Grundgesetz festgelegt ist, ist es weder der Deutschen Bundespost TELEKOM noch dem Bundesministerium für Post und Telekommunikation gestattet, auf den Inhalt von Bildschirmtextinformationen Einfluß zu nehmen.« Es folgt der obligatorische Hinweis auf die Zuständigkeit der Länder.

Viel interessanter ist aber in dem Antwortbrief des Postministers, daß »die wiederholt, u. a. auch in der »Augsburger Allgemeinen«, geäußerte Behauptung, daß Film- und Schriftmaterial kinderpornographischen Inhalts oder gar Kinder selbst zum Vollzug sexueller Handlungen angeboten würden, die Deutsche Bundespost TELEKOM auf meine Anfrage dagegen nicht bestätigt hat. Derartige Angebote haben sich bisher nicht auffinden lassen.«

Zum gleichen Zeitpunkt lagen zahlreiche kinderpornographische Bilder aus Mailboxen, Hunderte von Seiten von Mitschriften entsprechenden Inhalts aus Teledialogen sowie Videokassetten, die per Datex-J vermittelt worden waren, vor. Und obwohl dies der Telekom mitgeteilt und der Zugriff angeboten worden war, zeigte man kein Interesse.

Dies ist kein Einzelfall. Einem anderen Datex-J-Nutzer, der sich nach dem Auffinden entsprechender Angebote an die Telekom gewandt hatte, wurde überhaupt nicht geantwortet. Bei einem Gespräch mit der Staatsanwaltschaft ging man nicht seinen Hinweisen nach, sondern leitete erst einmal eine Sicherheitsüberprüfung des Zeugen ein. An dem Versuch des betroffenen Nutzers, eine kleine Bürgerinitiative gegen Kinderpornographie und -prostitution in Datennetzen ins Leben zu rufen, zeigten weder Staatsanwaltschaft noch Polizei Interesse. Übrigens ließen auch die ebenfalls angesprochenen Vertreter der beiden großen christlichen Kirchen erst gar nichts von sich hören.

Ausführlich und vollmundig werden die deutschen Behörden immer nur dann, wenn sie das Problem weit von sich weg irgendwo im internationalen Raum ansiedeln können. Die Antwort auf die Frage der SPD-Politikerin Ulla Schmidt, welche Schritte die Bundesregierung zur internationalen Ächtung und Bekämpfung des Handels mit gesetzlicher

Pornographie und zur Einführung einer verbindlichen internationalen Konvention zum Verbot gewaltverherrlichender, rassistischer, pornographischer Darstellungen und Angebote in Datennetzen eingeleitet hat, ist lang und ausführlich. Da wird auf die Uno-Konvention zum Schutz des

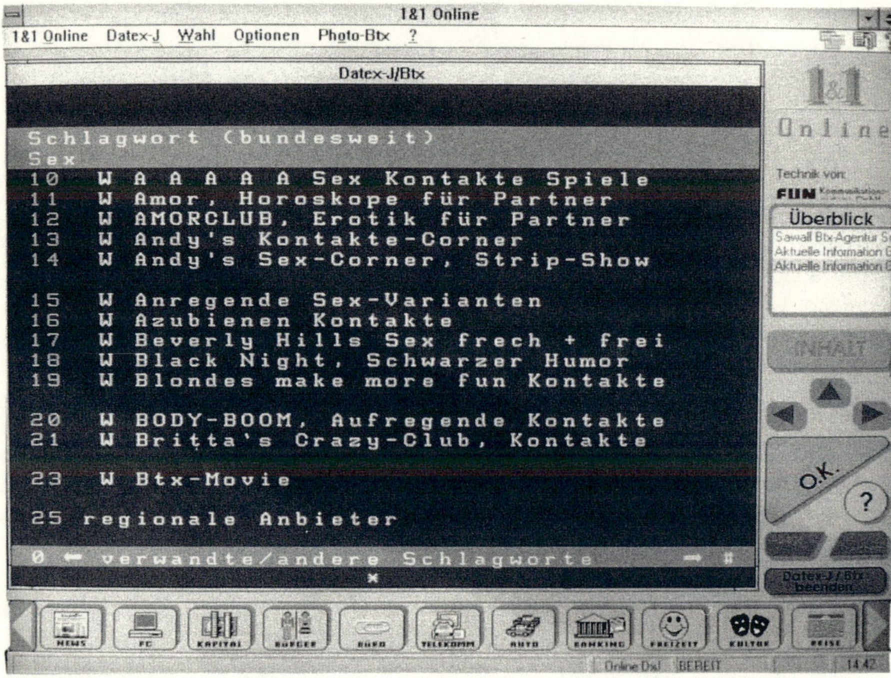

Kindes hingewiesen, auf das Wiener Gipfeltreffen der Staats- und Regierungschefs der EU von 1993, wo Maßnahmen auf lokaler, nationaler und europäischer Ebene vorgeschlagen wurden, um Rassismus, Fremdenfeindlichkeit, Antisemitismus und Intoleranz zu bekämpfen. Spätestens da ist die Antwort dann so allgemein, daß das Thema Kinderpornographie oder Datennetze schon gar nicht mehr angesprochen wird. Und dann folgt der abschließende Appell, man unterstütze völkerrechtliche Übereinkünfte mit dem Ziel, sie gegebenenfalls zu verstärken. Ausschweifender kann man wohl nicht nichts sagen.

Dazu paßt dann der in persönlichen Gesprächen mit Politikern und Polizeibeamten vor Ort gewonnene Eindruck, daß die meisten überhaupt keine Ahnung von den Datennetzen haben. Dies mag man jenen nachsehen, die sich tagsüber mit Solidarzuschlag und dem Krieg in Bosnien auseinandersetzen müssen. Für die, die das organisierte Verbrechen bekämpfen sollen, kann diese Entschuldigung wohl kaum gelten. So dürfte es denn auch solch ungetrübter Ahnungslosigkeit zu verdanken sein, daß zwar immer wieder von den Polizeipräsidien Überprüfungen von Datensystemen und Mailboxen vermeldet und ansehnliche Zahlen verbreitet werden. Aber das sind in der Regel lediglich Angaben darüber, wie oft man eine Kontrolle in Angriff genommen hat. Ergebnisse gibt es wenige. Und derweil kann sich in den Datennetzen austoben wer will – Bund, Ländern und Telekom stabilisieren sich gegenseitig in der Haltung, möglichst nichts tun oder ändern zu müssen. Auch wenn man die wenigen, aber sehr vielversprechenden Ansätze der Polizei nicht geringachten sollte.

Dabei zeigen die Erfahrungen in den Monaten nach den Enthüllungen, daß Öffentlichkeit und erhöhter Fahndungsdruck durchaus schon eine vorbeugende Wirkung haben. Zeitweise waren alle einschlägigen Anzeigen verschwunden und die Anbieter im Datex-J-Netz paßten wie die Schießhunde auf, damit ihnen kein Pädophiler ins Haus kam. Aber soviel Vorsicht ist offenbar anstrengend. Schon nach einiger Zeit ließ die Aufmerksamkeit wieder nach. Angebot und Nachfrage konnten wieder ungehindert regieren. Und das ist wohl nur mit der Sicherheit zu erklären, daß die Modellprojekte in Bayern und Baden-Württemberg zwar wichtig, aber nur Tropfen auf dem heißen Stein sind. Und die entmutigenden Erfahrungen betroffener Benutzer mit den Behörden, die sie zur Mitarbeit aufgefordert hatten, lassen für die Anbieter von Kinderpornographie auch keine Gefahr befürchten.

So bleibt der Kampf gegen das miese Geschäft mit den Minderjährigen offenbar vor allem einzelnen überlassen. Der FDP-Bezirksverband Schwaben forderte in einem Antrag die liberale Bundestagsfraktion und die Bundesjustizministerin auf, »sich unverzüglich für Verbesserungen bei der Bekämpfung der elektronischen Kinderpornographie einzusetzen.« Die bereits erwähnte SPD-Bundestagsabgeordnete Ulla Schmidt versucht gleiches auf der EU-Ebene durchzusetzen.

Dagegen schlug der Münchener Rechtsanwalt Dr. Volker Thieler in einer zweiseitigen »Strafanzeige gegen die Verantwortlichen der Telekom« andere Töne an. Er zeigte die Telekom an, weil diese pornographische Schriften verbreite, sexuelle Handlungen Minderjähriger fördere sowie Beihilfe zur Förderung der Prostitution leiste. »Alle einschlägig orientierten Anbieterdienste im BTX/Datex-J-Netz der Telekom sind massiv durchseucht mit Offerten von professionellen Prostituierten – jeglicher Ausrichtung und jeglicher Couleur« heißt es in dem Dokument, das seit Ende 1994 beim Landgericht München I liegt. Die Adressen der einzelnen Anbieterdienste seien über das Stichwort »Impressum« oder »in eigener Sache« für jeden leicht verifizierbar. »Damit entfallen einige Ausreden der diversen Kontrollgremien«, die sich nach Auffassung Thielers nur darauf berufen, daß solche Angebote nur von Profis im Datendschungel aufgestöbert werden könnten.

Darüber hinaus, heißt es in der Anzeige weiter, fänden sich in den Datendiensten »teils kommerzielle, teils private Verkaufsanzeigen für pornographische Produkte, die ebenfalls an Deutlichkeit nichts zu wünschen übriglassen«. Mit etwas Geduld lasse sich auch beweisen, daß »in dieser Vertriebsschiene gesetzlich verbotene Pornographie (Kinder, Tiere, Gewalt etc.) ungestört von den Kontrollgremien stattfindet«, schreibt Thieler weiter.

Aus Sicht des Jugendschutzes sei »ein dringendes Einschreiten erforderlich«. Der Strafanzeige liegen in Datex-J mitgeschnittene Dialoge, ein Videoband sowie rund 80 Fotos bei, die aus den Diensten abgerufen wurden und – so Thieler – nicht »an Deutlichkeit zu übertreffen sind«. »Gerade im Hinblick darauf, daß Jugendliche jederzeit Zugang zum BTX haben, sollte hier eine Überprüfung nach den einschlägigen Straftatbeständen stattfinden«, heißt es zum Abschluß.

Thieler konnte sich neben den bereits erwähnten Veröffentlichungen nicht zuletzt auf die Mitarbeiter des Münchener Redaktionsbüros »officine«, Ulrike Goressen und Reinhold Scheu, stützen, die sich auf Computerkriminalität in allen Schattierungen spezialisiert haben. »Mit ein paar Kniffen ist praktisch jede Perversität aus dem Netz zu holen«, sagt Scheu. »Und die Behörden schauen zu.« Dies sei »Science Fick-tion« in Reinkultur. Tabus seien praktisch keine mehr vorhanden. Dies gelte vor allem für die in- und ausländischen Mailboxen, die – das räumen auch alle genannten Polizeiexperten ein – »nicht kontrolliert werden können«.

Eine weitere risikoarme Nachschublinie für Kinderporno-Freaks sind offenbar auch die runden silbernen Datenträger namens CD-ROM. Der Leiter eines großen Dezernates für Jugendschutz, der seinen Namen nicht nennen kann, erklärte das Problem in einem Interview mit der

Computer-Fachzeitschrift »win«: Die Schwierigkeit liegt erstens in der Zugänglichkeit für Minderjährige. Erotik-CDs werden über Kleinanzeigen und von Versendern verkauft. Den geforderten Altersnachweis zu unterlaufen, ist kein Problem, weil der Verkauf nicht Auge-in-Auge stattfindet.« Der Experte unterstreicht, daß dieses Medium vor allem für solche Pornographie benutzt werde, »die der Gesetzgeber grundsätzlich verbietet, etwa im Zusammenhang mit Tieren, Gewaltverherrlichung oder – noch schlimmer – mit Kindern als Darsteller oder Konsumenten.«

Der eigentliche Verantwortliche sei der Fabrikant der CD. »Er bezieht sein ›Rohmaterial‹ meistens aus Mailboxen – in Gigabyte-Dimensionen. Diese Bilder oder Clips werden von etlichen Herstellern nach einer äußerst oberflächlichen Kontrolle – wenn überhaupt – auf CD kopiert und verkauft. Gegen einige Firmen ermittelt die Kriminalpolizei. Uns liegen etwa Beweise für Sex mit Kindern oder Sado-Maso-Handlungen vor.« Auf die Frage, wie man sich fühle, wenn man das Material sichten müsse, sagte der Kripomann nur: »Man kann ab und zu gar nicht so viel essen, wie man kotzen möchte.«

Diese Entwicklung in den Griff zu bekommen, scheint illusorisch. Denn die Herstellung von CD-ROMs ist längst keine Frage von hohen Investitionen mehr. CD-Recorder zum eigenen Brennen der Silberscheiben kosten nur noch rund 7000 Mark – Tendenz fallend. Wer da nur 70 Stück an den Mann oder die Frau bringt, hat seine Investition wieder heraus. Und das ist bei der Nachfrage überhaupt kein Problem. Der Versand erfolgt in der Regel postlagernd – Anbieter und Abnehmer treten somit nie in Kontakt und verabreden sich anonym in den Datentreffs. Auch der Kripomann räumt ein, daß auf dieser Schiene »verstärkt Privatleute tätig sind«. Allerdings gebe es auch da zunehmend Hinweise auf organisierte Strukturen. Kein Wunder – bei diesen Gewinnspannen.

Wie die Angebote via Telekom-Netz wirklich einzuordnen sind, machte Ende 1994 das Amtsgericht Sigmaringen aus ganz anderem Anlaß klar. Eine Nutzerin hatte auf ihrer Telefonrechnung einen Betrag von 100 Mark gefunden, den sie angeblich als Kundin eines großen Sex-Anbieters zahlen solle. Die Frau konnte jedoch glaubhaft machen, daß sie selbst die Dienste nicht in Anspruch genommen hatte und zugleich dafür gesorgt hatte, daß ihren Anschluß kein Dritter benutzen konnte. Daraufhin war sie von dem Anbieter zur Zahlung verklagt worden. Die

Sigmaringer Amtsrichter wiesen die Klage mit der Begründung ab, daß der Anbieter nicht klar genug habe belegen können, »welche Art und welcher Inhalt von Dienstleistungen« genutzt worden sein sollte. Zum zweiten schließe man sich auch der ständigen Rechtsprechung des Landgerichtes Hechingen an, derzufolge »Verträge auf dem Gebiet des Telefonsex als sittenwidrig im Sinne des Paragraphen 138 des Bürgerlichen Gesetzbuches anzusehen« seien. Dies gelte auch für das Datex-J-System, da »hier nur eine andere Kommunikationsform« betroffen ist. (Aktenzeichen 2 C 641/04).

Auch in den USA gibt es erste vorsichtige Ansätze, etwas gegen das Geschäft mit dem verbotenen Sex in den Online-Netzen zu unternehmen. Der demokratische Senator aus Nebraska, Jim Exon, legte im März 1995 ein Gesetz vor, das eine strengere Überwachung der Netze vorsieht. Ziel: Es solle verhindert werden, daß digitalisierte pornographische Texte über CompuServe oder Internet verteilt werden. Daraufhin brach ein Sturm der Entrüstung los. Nicht gegen die Pornographie, sondern gegen den vermeintlichen Eingriff in die Meinungsfreiheit, um die die Cyberspace-Aktivisten fürchteten. Nach Exons Vorstellungen soll jeder bestraft werden, der über kommerzielle Netze wie CompuServe oder America online oder über das nichtkommerzielle Internet mit seinen etwa 15 Millionen Nutzern pornographische Texte oder Bilder anbietet. Täter müßten danach mit einer Strafe von 100.000 Dollar rechnen. »Ich will den Informationshighway davor bewahren, ein Rotlichtbezirk zu werden«, sagte Exon. Vor allem Kinder, die sich oft besser als ihre Eltern in dem digitalen Universum auskennen, sollen geschützt werden. Exon verwies zum Beispiel darauf, daß Ende 1994 die Carnegie Milton Universität in Pittsburgh/Pennsylvania einschlägige Informationsrubriken im Internet für ihre Studenten geschlossen hatte. Im bisher spektakulärsten Fall hatten die Behörden einen Studenten der Universität Michigan verhaftet. Dieser hatte Texte über die Vergewaltigung und Folter einer Frau verbreitet, und dem fiktiven Opfer den Namen einer Kommilitonin gegeben.

Die Gegner von Senator Exon wenden ein, daß sich die elektronischen Dienste nicht mit einem Telefongespräch vergleichen lassen können, selbst wenn die Computer die Informationen über die Telefonleitungen senden. Computernutzer können nicht durch die nächtlichen Anrufe belästigt werden. Es liege allein in ihrer Entscheidung, ob sie an einer elektronischen Konferenz teilnehmen oder nicht. Die »Electronic

Frontier Foundation«, eine mächtige Interessenvertretung amerikanischer Computernutzer, argumentiert, daß nach dem Gesetzentwurf Online-Dienste wie CompuServe für pornographische Texte ihrer Kunden verantwortlich wären. Um dem Gesetz zu entsprechen, müßten diese Dienste künftig weltweit die gesamte elektronische Post ihrer Kunden mitlesen und bei einem vermuteten Verstoß zensieren. Dies sei ein genereller Angriff auf die Meinungsfreiheit.

Die Computerlobby in den USA ist mächtig. 600.000 Gegner unterzeichneten binnen weniger Tage eine Petition gegen die Initiative Exons – natürlich per Computer. Tatsächlich ist die Meinungsfreiheit ein hohes Gut. Und auch das Post- und Fernmeldegeheimnis tastet man nicht leichtfertig an. Die Frage heißt aber: Wissen die, die da auf ihre Meinungsfreiheit pochen, wirklich, wem sie da alles Schutz gewähren?

Auf der Suche nach Rezepten

Die Frage, was denn eigentlich – von gesetzlichen Korrekturen, Ergänzungen oder Klarstellungen – nötig sei, ist nicht einfach zu beantworten. Sicherlich könnten Anzeigen und Pinwände, Mailboxen und Bildarchive aufmerksamer überwacht werden, was den Fundus des Angebotes schon erheblich ausdünnen würde. Und sicherlich ist es auch leicht, nach mehr verdeckten Ermittlern zu rufen, die als »agent provocateur« in den Dialogen mitmischen, um Kontakte zu Anbietern und Nutzern zu bekommen.

Andererseits ist der Schutz des Post- und Fernmeldegeheimnisses, unter den eben nicht nur Briefe und Telefonate, sondern auch in Datensystemen geführte Dialoge zwischen zwei Partnern oder elektronische Post (e-mail) fallen, ein hohes Gut, das man nicht leichtfertig auflöst. Manfred Kaltwasser, Sachbereichsleiter Sexuelle Straftaten im Bundeskriminalamt: »Wenn wir, was nötig wäre, einen Ausbau der polizeilichen Instrumente zur Vorbeugung und Verfolgung dieser Straftaten forderten, würde es einen Sturm der Entrüstung geben, obwohl zum Beispiel die Telefonüberwachung sinnvoll wäre.« So ist nach Angaben Kaltwassers der Vertrieb von Kinderpornographie denn auch kein Delikt, das laut Paragraph 100 der Strafprozeßordnung eine Überwachung von Telefonanschlüssen rechtfertigen würde. Kaltwasser: »Wir dürfen nicht einmal die Leitung anzapfen, wenn es Indizien dafür gibt, daß in einer Wohnung immer wieder Kinder mißbraucht werden. Erst wenn Hinweise darauf vorliegen, daß hier organisierte Kriminalität vorliegt, können wir einen Antrag auf Telefonüberwachung mit Erfolg stellen.« Das heißt für die Ermittlungen bei Kinderpornographie, -prostitution oder -mißbrauch: »Die Beweissicherung wird immer schwieriger: Von wem ging die Initiative aus? Wer hat wen angestiftet? usw.«

Tatsächlich geht die Frage noch weitaus tiefer.

Bisher wurde deutlich, daß es Defizite in der Rechtsprechung und in der Aufsicht über Datennetze gibt, soweit diese möglich ist. Der Hinweis, daß eine totale Kontrolle der Netze weder möglich noch wünschenswert ist, enthebt ja Politik, Sicherheitsbehörden, Anbieter, Netzwerk-Betreiber und Nutzer nicht von der Verpflichtung, das, was möglich ist, auch zu tun. Niemand käme auf die Idee, nur deswegen, weil nicht alle alkoholisierten Autofahrer auf den Straßen festzustellen sind, gleich die Einstellung der Polizeikontrollen generell zu fordern. In Punkto Pornographie und Prostitution von Kindern in Datennetzen läuft die Diskussion bisweilen genau so. Da heißt es dann, man dürfe nicht übertreiben. Schließlich seien solche Vorfälle ja nur ein Bruchteil der insgesamt seriösen Dienste und Angebote. Auch wenn dies richtig ist und kinderpornographische Annoncen und Dialoge nur eine kleine Rolle spielen, bleiben sie gerade deswegen eine Praxis, mit der man sich nicht abfinden darf, weil die, die sie betreiben, gerade mit solchen Entschuldigungen und Freibriefen rechnen.

Die Frage, was man denn über einen erhöhten Fahndungsdruck und eine Ergänzung oder Korrektur der Rechtsvorschriften hinaus tun könne, ist deswegen zentral. Die Lösung kann nicht Schweigen oder Übergehen heißen. Sie lautet – im Gegenteil – darüber reden, das Thema enttabuisieren.

Das wird deutlich, wenn man überlegt, wer die Opfer und wer die Täter sind und welche Struktur diesen Mißbräuchen zugrunde liegt.

Kleine Opfer

»Es fing an, als ich neun oder zehn Jahre alt war ... Ich bin damals in eine Jugendgruppe eingetreten, in eine Pfadfindergruppe, mit sehr viel Spaß und Freude. Der Leiter dieser Pfadfindergruppe war ein Mann, der bei uns im gleichen Haus gewohnt hat. Er hatte Medizin studiert, seine Doktorarbeit fertig und war deshalb sehr angesehen. Er war an sich sehr sympathisch, freundlich und nett und für meine Eltern, als Leiter der Jugendgruppe, eine Vertrauensperson. Sie kannten ihn eben, er wohnte ja im gleichen Haus. Und zu dem bin ich dann ab und zu mal hochgegangen, wenn zu Hause nichts weiter los war. Zu dem raufgehen und dann mit dem Auto irgendwohin fahren oder zu irgend einem Gruppentreffen gehen, das lief am Anfang ganz normal ab.

Und irgendwann fing es dann an, daß er Übergriffe gestartet hat. Er hielt meine Hand an seinen Schwanz und fing an zu reiben. Damit kam ich überhaupt nicht klar. Das war jemand, zu dem ich Vertrauen gehabt habe, und es war eine Situation, in der ich vorher nie gewesen war. Das war sehr verwirrend. Ich konnte ihn in dem Moment nicht wegstoßen, weil ich nicht wußte, ist das ein Spiel oder etwas anderes. Mit Sexualität hatte ich bis dahin auch nie etwas zu tun gehabt. Er meinte dann, ihm würde das gefallen, und ob mir das denn auch gefallen würde? Und so ging es hin und her; sich auch die Hosen ausziehen und so. Lange blieb es nur beim Onanieren. Ich mußte ihn befriedigen, er machte das dann auch bei mir.

Das ging bestimmt zwei Jahre. Er tat so, als wollte er mich aufklären. Daß das eben normal sei, ich sollte aber keinem anderen Menschen davon erzählen, weil es dann Schwierigkeiten gäbe. Wenn da mal irgend jemand darauf käme, wenn meine Eltern mich zum Beispiel beim Onanieren sähen und erschreckt gucken würden, dann sollte ich sagen, das hätte ich von irgendwelchen Leuten in der Schule gehört, daß ja kein Verdacht auf ihn fällt. Das wurde dann immer aufdringlicher und unangenehmer, weil ich mit meinen Eltern eigentlich wenig zu tun hatte und diese Jugendgruppe mein Halt und meine Bindung war. Deswegen war ich überhaupt nicht in der Lage zu sagen: Das will ich nicht. Es war aussichtslos für mich.«

In 95 Prozent der Fälle von Kindesmißbrauch stammen die Täter aus dem unmittelbaren Umfeld des Opfers – Familie, Bekannten- oder Freundeskreis. Körperliche Gewalt, wie sie bei den übrigen fünf Prozent häufig als Druckmittel eingesetzt werden, sind gar nicht nötig. Das Schweigegebot reicht völlig aus, um zu verhindern, daß die Kinder zu reden beginnen. Mit fatalen Folgen, weil die so erzeugte Angst oft über Jahre und Jahrzehnte hinweg anhält. Das ist vor allem im Hinblick auf die im Gesetz vorgegebene Verjährungsfrist von Bedeutung, die jetzt bei zehn Jahren liegt, aber erst mit dem 18. Geburtstag des Opfers beginnt. Untersuchungen belegen, daß manche Opfer erst zehn, sogar zwanzig Jahre nach dem Mißbrauch imstande sind darüber zu reden.

Die Opfer kommen weder aus spezifischen Gesellschafts- noch Altersschichten. Es gibt Belege für den Mißbrauch von sechsmonatigen Säuglingen wie auch von 18jährigen Teenagern. Im Unterschied zur späteren Auswahl von Sexualpartnern, bei denen Erwachsene – zumindest bei flüchtigen Sexualkontakten – auf Äußerlichkeiten wie Figur, Aussehen, Haarfarbe achten, zählt bei den Kindern ausschließlich das Alter. »Schön jung« – diese Formulierung ist von den Kunden immer wieder zu hören. Auf dem internationalen Porno-Videomarkt läßt sich das bereits an den Titeln der Kassetten ablesen: Bei Erwachsenen wird nach den Sexualpraktiken entschieden, bei Kindern wird der Titel aus dem Alter »geboren«.

Die mißbrauchten Kinder kommen auch keineswegs nur aus unteren sozialen Schichten, wo beispielsweise materielle Armut herrscht. Aber die soziale Situation spielt dennoch eine wichtige Rolle. In fast allen Fällen von Kinderprostitution steht Armut auf seiten des Opfers als Triebfeder im Hintergrund. Eltern verkaufen ihre Kinder, um auf diese Weise eine zusätzliche Einkommensquelle auszuschöpfen. In den Ländern der Dritten Welt sichern die Minderjährigen mit ihrem Körper einen Teil des Lebensunterhaltes der ganzen Familie. Hilfsorganisationen belegen Fälle, in denen reiche Touristen so etwas wie eine Patenschaft für die ganze Familie übernommen haben, sie finanzieren diese, um auf die Weise eine Art »Abonnement« auf die Kinder zu bekommen. Auch der Kinder- und Mädchenhandel im ehemaligen Ostblock ist letztlich ein Ergebnis der sozialen Situation, in der Eltern nur eine Einkommensquelle sehen: die Kinder zu verkaufen, um so einerseits zu Geld zu kommen und andererseits die Zahl derer, die sie durchbringen müssen, zu verringern.

Dieses Motiv steht aber keineswegs nur in anderen Ländern im Vordergrund. Auch die Kinderprostituierten in Deutschland gehen nicht zum Vergnügen auf die Straße, sondern um sich ihr Überleben zu sichern – sei es, um ihre Drogenabhängigkeit zu finanzieren, sei es um ohne Familie nicht völlig »vor die Hunde zu gehen«. Unter deutschen Kunden, die ihre »Ware« nicht über die organisierten Kanäle beziehen, gelten beispielsweise die Sammellager von Asylbewerbern, Aussiedlern und Ausländern als die wichtigsten Anlaufstellen, um Kinder »aufreißen zu können«. Gleich mehrfach wurden mir in den Datennetzen Tips gegeben wie »Ich hab gute Erfahrungen im Asylbewerberlager X gemacht. Du brauchst nur in der Nähe in eine Kneipe zu gehen oder sie einfach auf der Straße ansprechen. Da geht immer was.«

Die immer weiter auseinanderklaffende soziale Schere in der Bundesrepublik führt auch dazu, immer mehr Kinder in die Prostitution zu treiben. Daß zahllose Syndikate Kinder aus dem ehemaligen Ostblock gerade mit den Versprechungen vom goldenen Westen ködern, paßt in dieses Schema. Die Täter machen sich auf eine sehr perfide Art und Weise die wirtschaftliche Not der kleinen Opfer und ihrer Familien zunutze. Bei der bereits erwähnten Umfrage unter Sextouristen war denn auch Äußerungen wie »Das ist doch eine Form von Entwicklungshilfe« nicht selten.

Vor diesem Hintergrund haben es denn auch jene Ringe nicht schwer, Kinder sozusagen nur zeitweise zum Mißbrauch auszuleihen, um sie beispielsweise für Fotos oder Videos zu mißbrauchen. Wer einer Familie, die nur über wenig oder gar kein Einkommen verfügt, in Aussicht stellt, für den Auftritt ihres Kindes vor der Kamera mindestens 600 Mark zu bekommen, hat leichtes Spiel.

Kein Täter macht sich aber offenbar eine Vorstellung davon, was in dem Kind wirklich vorgeht. Nahezu alle Fachleute in den Beratungszentren können Beispiele davon erzählen, daß die Erwachsenen davon ausgehen, es mache den Kindern ja Spaß. Sie verwechseln Erwachsenensexualität mit der Sexualität eines Kindes, das nicht weiß, was da vorgeht und es natürlich auch nicht so erlebt wie ein Erwachsener. Das Kind will, auch wenn der Täter dessen Verhalten als »aktiv verführerisch« empfindet, vielleicht alles mögliche, aber nicht den sexuellen Vollzug. »Ein Erwachsener und ein Kind lieben sich; das Kind hat die spielerische Phantasie, mit dem Erwachsenen die Mutterrolle zu spielen. Das Spiel mag auch erotische Formen annehmen, bleibt aber nach wie vor auf dem Zärtlichkeitsniveau. Die pädophilen Täter aber verwechseln die Spielereien der Kinder mit den Wünschen einer sexuell reifen Person oder lassen sich, ohne Rücksicht auf die Folgen, zu Sexualkontakten hinreißen«, heißt es in der Studie »Sexueller Mißbrauch vor Gericht«, die die Journalistin Sabine Kirchhoff erstellt hat.

Zu den besonders fatalen Folgen für das Opfer gehört es dann, daß die Erwachsenen, wenn es denn mal zur Aufdeckung gekommen ist, sehr schnell danach fragen, was denn das Opfer selbst zu dieser Tat beigetragen hat. Bei Vergewaltigungen gibt es dazu zahllose Beispiele, in denen den Frauen anschließend vorgehalten wird, sie hätten durch entsprechende Kleidung oder Benehmen den Täter ermuntert. »Die kindlichen Opfer von Sexualdelikten sind oft charmant, attraktiv, unterwürfig und verführerisch. Sie gewinnen schnell Kontakt zu Erwachsenen. Sie verwenden die Sexualhandlung, um ihre Eltern herauszufordern, um ein Gefühl der Unabhängigkeit entstehen zu lassen und um ihrem Drang nach Zustimmung und Aufmerksamkeit zu befriedigen. Die Bereitwilligkeit, mit der 10- bis 13jährige Mädchen sich auf ein ›sexuelles Abenteuer‹ einlassen, hat erheblich zugenommen. Die ›unschuldige Naivität‹ eines Mädchen ist eine Seltenheit.« Dieses Zitat stammt aus einer Studie, die nicht im vergangenen Jahrhundert, sondern 1992 vorgelegt wurde.

Wer die Praxis vor Gericht beobachtet, muß allerdings feststellen, daß es tatsächlich genügend Indizien für ein solches Denken gibt. Da werden Mädchen als verführerische Kindfrau, als frühreife Lolita hingestellt, um die Entstehung des Übergriffes zu begründen und den Täter zu entlasten. Ein Mechanismus, dessen sich alle jene fast mit Perfektion bedienen, die in Zeitungs- und Datenanzeigen um Kunden für Kinder oder Jugendliche werben. Dazu paßt dann der Versuch, die Glaubwürdigkeit der Aussage von Kindern vor Gericht in Zweifel zu ziehen. Zwar gibt es in Film und Literatur genügend Beispiele für erfundene Geschichten, mit denen Kinder lediglich lästige Personen loswerden wollen. Die Realität aber sieht anders aus. Bei einer Auswertung von 154 angezeigten Gewaltdelikten stellte sich zum Beispiel heraus, daß ganze vier vorgetäuscht waren. Eine weitere Erhebung zeigt ähnliche Verhältnisse. Da waren 1,1 Prozent der 180 untersuchten Fälle – also nur zwei – Falschaussagen. Das ist im übrigen bei Vergewaltigungen nicht anders. Dort schätzt die Öffentlichkeit die Quote falscher Anschuldigungen auf 25 Prozent, während sie wirklich bei vier bis fünf Prozent liegt.

Das Hauptproblem im Umgang mit den minderjährigen Opfern liegt wohl darin, daß nicht nur die Täter, sondern auch die, die die Delikte aufklären sollen, mit dem Denken von Erwachsenen daran gehen. Immer wieder wird die Frage gestellt, warum Kinder über den Mißbrauch denn schweigen. Warum sie nicht offen erzählen, was mit ihnen gemacht worden ist.

Das Unverständnis der Erwachsenen beginnt schon da, wo sie nicht begreifen, daß der Mißbrauch eines Kindes durch Eltern oder Bekannte und die Weitergabe zur Prostitution oder Pornographie zwei verschiedene Dinge sind. Tatsächlich handeln die Kinder immer insofern gleich, als sie sich in ihrer jeweiligen Situation eine Überlebensstrategie suchen.

Mißbrauchte Kinder haben sehr vielfältige Gründe für ihr Schweigen. Sie haben, nicht selten angesichts entsprechender Äußerungen der Erwachsenen, das Gefühl, selber schuld zu sein. Hinzu kommt, daß dem Kind (siehe hierzu die fast unbeholfene Schilderung am Anfang dieses Kapitels) die richtigen Worte fehlen, um auszudrücken, was mit ihm passiert. Zugleich muß es fürchten, daß ihm niemand glaubt. Das Kind weiß nicht, daß solche Praktiken eben nicht zum Leben zwischen einem Erwachsenen und einem Kind gehören. Aussagen wie »Ich wußte damals nicht recht, was das bedeutete«, »Ich verstand nicht, was da geschah« oder »Ich habe nichts gesagt, weil ich dachte, das geht anderen Mädchen auch so« finden sich immer wieder in den Aussageprotokollen von minderjährigen Opfern. Der vielleicht wichtigste Grund, auf den später noch weiter eingegangen werden muß, ist aber der Wunsch, daß der Vater oder der Freund nicht eingesperrt werden soll. Das Kind will seinen Vater nicht verlieren. Es will nur, daß der Mißbrauch aufhört.

Zugleich wird das Schweigen durch eine Vielzahl ambivalenter Gefühle beim Kind gestärkt. Es schwankt zwischen »ich werde ausgenutzt« und »ich werde bevorzugt«, zwischen »ich werde mißhandelt« und »ich bekomme besondere Zuwendung«. Dem Gefühl »ich werde bedroht« steht der Eindruck »ich darf nichts sagen, um einen lieben Menschen nicht in Gefahr zu bringen« gegenüber. Es schwankt zwischen »ich muß schweigen« und »ich möchte schreien«, zwischen »ich bin isoliert« und »ich stehe im Mittelpunkt«.

Hinzu kommt, daß in der Öffentlichkeit ein Bild der Täter vorherrscht, in dem der Mißbrauch wie eine Art einmaliger Ausrutscher erscheint, obwohl die Schilderungen ehemaliger mißbrauchter Kinder belegen, daß sich solche belastenden Praktiken über Jahre hinweg hinziehen. Aus solchem Gefühls- und Gedankengemisch entsteht dann eine Haltung, in der Schweigen als die einzig richtige Überlebensstrategie erscheint.

Genau um die geht es aber auch den Kinderprostitutierten in der Dritten Welt. Sie müssen erleben, daß die Not in der Familie ein Ende haben kann, wenn sie nur mitmachen. Sie erfahren, daß sie ihren Lebensunterhalt verdienen können, wenn sie nur ihren Körper an Reisende verkaufen. Und sie spüren, daß ihre »Arbeit« zwar unangenehm und ekelerregend sein mag, daß sie aber ein Weg ist, vom Elend nicht zerstört zu werden. Da erscheint dann der Schritt zum Verkaufen des eigenen Körpers immer noch als das geringere Übel.

Wer dem Problem von Kinderprostitution und -pornographie zu Leibe rücken will, kommt genau an dieser Frage nicht vorbei, welche Überlebensstrategie er den Betroffenen anzubieten hat. Deshalb ist es vielleicht ethisch wertvoll, die Diskussion moralisch zu führen. Aber dies bleibt eine Täuschung, weil die eigentliche Triebfeder zum Stillhalten und Mitmachen eben nicht die Frage nach der Moral, sondern die nach dem Überleben ist.

Große Täter

Mit dem falschen Verständnis der Opfer korrespondiert ein falsches Verständnis von den Tätern. Es herrscht die Vorstellung vor, es gebe nur »den« sexuellen Gewaltakt, bei dem der Übergriff überfallartig im Freien durch einen Fremden mit äußerster Gewaltanwendung und unter heftiger Gegenwehr des Opfers begangen wird. In der Öffentlichkeit erscheint der Pädophile als Triebtäter, als Opfer seines Triebes.

Das stimmt schon beim Delikt der Vergewaltigung nicht, noch viel weniger richtig ist es beim Kindesmißbrauch bzw. bei den Kunden von Kinderprostitution. Der Täter ist in der Regel der »normale Mann«, die »normale Frau«. Es gibt auch keine stets zutreffende gesellschaftliche Klassifizierung: Kinder werden von sozial hochgestellten Menschen ebenso »konsumiert« wie von Mitgliedern unterer sozialer Schichten. Kindesmißbrauch gibt es in »guten« Häusern ebenso wie in »schlechten«. Die Täter sind Arbeiter, Ärzte und Geistliche, Geschäftsleute und Hausfrauen – kurz, sie stammen aus allen Bereichen des gesellschaftlichen Lebens, oft genug ohne jede andere soziale Auffälligkeit.

Dirk Bange von der Kölner Beratungsstelle »Zartbitter« hat in einer umfassenden Studie nachgewiesen, daß die Täter meist deutlich älter sind. Bei einer Umfrage unter Dortmunder Studentinnen fand er heraus, daß diejenigen unter ihnen, die als Kind mißbraucht worden waren, im Schnitt 11,3 Jahre alt waren (Studenten 11,5), das Durchschnittsalter der Täter, die die Studentinnen mißbraucht hatten, lag bei 30 Jahren, bei denen, die die befragten Studenten benutzt hatten, bei 27 Jahren. Kam der Täter aus dem unmittelbaren Familienumfeld, war er im Schnitt 38 Jahre alt. Bei einem Viertel der Opfer blieb es bei erzwungenen Küssen, Umarmungen und beim Anfassen der Brüste der Mädchen. Über die Hälfte der Täter berührte die Mädchen an den Genitalien, zwang sie zur Masturbation oder dazu, ihre Genitalien zu zeigen. Gut ein Fünftel vergewaltigte die Mädchen entweder anal, oral oder vaginal oder versuchte es. Genau die Hälfte der Täter setzte die sexuellen Handlungen mit körperlicher Gewalt durch.

Die weitere Untersuchung belegt eindeutig, daß es bei der Herkunft der Täter überhaupt keine signifikanten Unterschiede gibt – weder was die Bildung noch was die Herkunft oder die Lebensumstände betrifft.

Alle Untersuchungen sind sich aber darin einig, daß Tatverdächtige nahezu ausschließlich Männer (99,9 Prozent) zwischen 16 bis 40 Jahren sind. Zum Mißbrauch durch Frauen gibt es praktisch keine Erhebungen. Die Fachautorin Ursula Ender führt dies nicht zuletzt darauf zurück, daß dies an den verbreiteten Bildern von Mann und Frau in der Öffentlichkeit liegt. Das gängige Täter-Opfer-Schema geht stets von männlicher Übermacht über weibliche Ohn-Macht aus. Mit »Macht« versuchten alle »Vertreter des herrschenden Geschlechts« am Bild der sanftmütigen, alles gewährenden Frau und Mutter festzuhalten, denn diese könne ihnen nicht bedrohlich werden. Die eigenen kleinen Geschlechtsgenossen als mögliche Opfer von sexueller Gewalt von Frauen wahrzunehmen – das paßt nicht ins Selbstbild vom starken Mann. Tatsächlich könne, so Ursula Ender weiter, sexuelle Gewalt von Frauen an Mädchen und Jungen nicht mehr wegdiskutiert werden. Als Teil einer patriarchalisch strukturierten Gesellschaft griffen auch Mädchen und Frauen immer wieder auf männliche Strategien zurück, um eigene Interessen zu vertreten. Allerdings, so belegt Irmgard Schaffrin, sähen Frauen im Unterschied zu Männern sexuelle Gewalt mehr als Bestrafungs- denn als Unterwerfungsritual. Auch Ursula Ender räumt allerdings ein, daß es in der deutschsprachigen Forschung keine Ausarbeitung zum Thema Frauen als Täterinnen gebe.

Bei den Tätern liegen verständlicherweise nur Angaben derer vor, die entdeckt wurden. Über die Motive der zahllosen anderen kann man nur spekulieren. Hinzu kommt, daß diese bisherigen Angaben zu den Tätern vornehmlich auf jene zutreffen, die hierzulande Kinder mißbraucht haben. Der »Kundenkreis«, der sich auf Reisen Kinder bedient, ist weitaus größer und noch diffuser. Da spielen Frauen offenbar wieder eine größere Rolle, die Männer sind häufig noch deutlich älter. Das vorhandene Zahlenmaterial ist dünn. Man ist auf Berichte von Kinderhilfsorganisationen angewiesen, denen die Täter natürlich genauere Angaben verweigern. Einziger gemeinsamer Nenner aller Täter ist die Unfähigkeit, sich das Opfer auch als eigenständiges Individuum vorstellen zu können bzw. den Egoismus einzuschätzen, der sie antreibt. Dies zeigt zum Beispiel die nachfolgende Aussage.

»Ich habe schon jahrelang eine intensive Beziehung zu diesem Mädchen, sie ist jetzt vierzehn Jahre alt. Ich stehe gut mit ihren Eltern. Wir sind einfach friedliche Nachbarn. Julia kam schon, als sie sechs Jahre alt war, oft zu mir in den Garten, plauderte mit mir und wollte mir helfen. Ihre liebevolle Art hat mich berührt und sie weckte auch eine starke Lust, lieb zu ihr zu sein, auch körperlich. Wir wurden dann sehr intim. Ich habe sie gestreichelt, auch an den Geschlechtsteilen, und das bewirkte bei mir eine große sexuelle Erregung. Bis zum Samenerguß. Echt ›geschlafen‹ habe ich nie mit ihr, aber sehr intensiv gespielt, mit meinen Fingern und so. Das hat mich sehr glücklich gemacht. Irgendwie bestand zwischen uns die Vereinbarung, daß sie darüber zu ihren Eltern nicht reden würde. ›Das bleibt zwischen uns, ist unser Geheimnis‹. Ich hatte natürlich trotzdem Angst, daß sie es verraten würde. Aber das geschah nie. Über Jahre gab es diese Kontakte, manchmal mehrere Male in der Woche. Meiner Frau habe ich es nie gesagt. Zu ihr habe ich zwar immer noch eine sexuelle Beziehung, aber sie macht mich nicht so glücklich wie der Umgang mit Julia.

Jetzt wird Julia groß, sie ist schon einige Zeit kein Kind mehr. Ich weiß, daß unsere Beziehung bald nicht mehr intim sein wird. Ich wünsche mir eine neue Beziehung zu einem jungen Mädchen, vierjährig oder jünger. Was soll ich tun? Ich habe mit Julia ein Riesenglück gehabt. Ich wage nicht, neu zu suchen, ich will nicht im Gefängnis landen. Es ist soviel Vorurteil in unserer Gesellschaft.

Ich glaube aufrichtig, daß ich ihr keinen Schaden zugefügt habe. Ihre Eltern sind zwar liebe Leute, aber sie haben wenig Zeit für sie. Bei mir hat sie immer Herzlichkeit und viel Zeit und Aufmerksamkeit gefunden.«

Die Schilderung dokumentiert die Unfähigkeit, sich die Situation des Kindes klar zu machen. Allein, daß der Täter von einer »Beziehung« spricht und dieses Wort mit den Inhalten eines Erwachsenen füllt, zeigt die ganze Unfähigkeit, zu verstehen, was in einem Kind vorgeht. Daß es tatsächlich auch in dieser »Beziehung« um ein Machtverhältnis geht, aus dem das Kind gar nicht mehr raus kann, ist ihm völlig fremd. Hinzu kommt, und das dokumentiert dieses Beispiel ebenfalls, daß Männer häufig unfähig sind, körperliche Nähe zu Kindern aufzunehmen, ohne diese zu sexualisieren. Das hängt, nehmen Psychologen an, auch mit der Stellung des Mannes in der Familie zusammen, wo Männer sich kaum um die Pflege der Kinder kümmern und so wenig Erfahrung im körperlichen Umgang mit Kindern haben. Kommt es dann doch einmal zum Kontakt, wird der völlig mißverstanden, ja ausgenutzt.

So gehen Psychologen und Berater davon aus, daß die Mißhandlung von Kindern ebenso wie die sexuelle Ausbeutung und Kinderprostitution letztlich nur ein Spiegelbild eines gesellschaftlichen Systems sind, in dem Erwachsene ihre Macht ausüben, um eigene Bedürfnisse zu befriedigen oder eigene Konflikte zu lösen. Da ist dann die Kinderprostitution in der Welt der Makrokosmos, der im Mißbrauch von Kindern in der Familie als Mikrokosmos seine Entsprechung findet.

Kinder werden als Objekte betrachtet. Sie werden von Eheleuten als Dokument der Liebe ebenso instrumentalisiert wie als bindendes Glied zwischen den Partnern, wenn sonst nichts mehr hält. Und sie tragen diese Rolle auch aus. Aus der Ehe- und Familienberatung wissen wir, daß Kinder der Seismograph von Beziehungen sind. Nicht selten sind Störungen bei den Kindern die Symptome von Defiziten in der Beziehung. Unzufriedene Mütter kompensieren ihre innere Leere durch überzogene Mütterlichkeit und ein Nicht-Loslassen-Können, unbefriedigter Ehrgeiz der Väter wird durch Ehrgeiz an den Kindern verdrängt. Ob es nun der Vater/die Eltern sind, die ihr Kind wider Willen zu sportlichen Höchstleistungen treiben und schon von früher Kindheit an stundenlang ins Sportstadion hetzen oder ob es die hervorgeputzte Präsentation des Sprößlings in der Öffentlichkeit ist, die Ersatz für ein eigenes Gefühl der Bedeutungslosigkeit ist. Das ist kein Ausflug auf Nebenkriegsschauplätze. Es ist der Verweis darauf, daß Kinder in vielfältigen Formen als Ersatz mißbraucht werden. Und auch das ist Kindesmißbrauch, um das Problem beim Namen zu nennen.

Beim sexuellen Mißbrauch und bei der sexuellen Ausbeutung werden die Kinder zum Objekt degradiert, weil Defizite an Zuwendung und Aufmerksamkeit oder eigene Traumata wie das der Mißhandlung in der Kindheit aufgearbeitet werden sollen. Oder der Erwachsene benutzt das Kind, um Konflikte oder die Folge von Beziehungskonflikten in der Familie oder deren Umkreis aufzuarbeiten. Dies ist ein weiterer entscheidender Punkt. Die Täter können nicht verstehen, daß ihr Defizit nicht in der Sexualität, sondern in ganz anderen Bereichen besteht. Sie suchen letztlich nicht die sexuelle Befriedigung, sondern den Ersatz. Sex mit Kindern ist also nie mit Sexualität als Ausdruck einer Beziehung wie unter Erwachsenen gleichzusetzen. Sie ist immer einer Ersatzbefriedigung.

Dazu gehört im übrigen auch, daß viele, die Kinder mißbrauchen oder sich ihrer sexuell bedienen, diese Erfahrung als Minderjähriger auch selbst haben machen müssen. »Der Schläger schlägt, der Mißbrauchte mißbraucht« – auf diese Formel hat der Psychotherapeut

Hanns-Joachim Schietsch, Vorsitzender der Gesellschaft für Psychotherapie, den Zirkel auf einer Tagung der Kester-Haeusler-Stiftung zum Thema »Die Rechte des Kindes schützen« im März 1995 in Fürstenfeldbruck gebracht. »Ein zwölfjähriger Junge wurde von seinem Vater, seiner Stiefmutter und seinem Großvater sexuell mißbraucht. Als er etwa sechs, sieben Jahre alt war, sagte der Vater zu ihm: ›Mein Vater hat das mit mir getan und ich werde es mit dir tun und du wirst es auch tun, wenn du ein Mann bist.‹ Er wurde von seinem Vater und Großvater anal penetriert. Der Junge glaubte, der einzige Weg für ihn, dies zu stoppen, sei, selbst andere zu penetrieren. Er mißbrauchte seine fünfjährige Schwester.«

Jorge Barudy, der sich ebenfalls mit der psychischen Struktur der Täter beschäftigt hat, ordnet die Herkunft der späteren Pädophilen nach drei Typen.

Da gibt es die, die einer **aufopfernden Familie** entstammen. Beide Elternteile mußten sich in ihrer eigenen Familie von Geburt an an eine bestimmte Rolle gewöhnen. Sie bestand im wesentlichen darin, die gefühlsmäßigen und psychischen Defizite der Eltern zu erkennen und zu kompensieren. So geben sie einen Teil ihrer Persönlichkeit auf, um den Eltern völlig ergeben zu sein. Als Eltern erwarten sie dann genau diese Grundstruktur wieder von ihren Kindern, um für die frühere Aufopferung belohnt zu werden. Sie können nicht akzeptieren, daß die Kinder größer werden. Beim Vater besteht das Risiko, daß er zu einer oder mehreren seiner Töchter eine Beziehung aufbaut und es zu Berührungen oder gar zum Geschlechtsverkehr kommt. Meist werden diese inzestuösen Beziehungen verheimlicht. Nach außen wirkt eine solche Familie ausgesprochen harmonisch.

In der **chaotischen Familie** kannten die Eltern während ihrer Kindheit vielfach Entbehrungen, sowohl in materieller als auch in psychisch-affektiver Hinsicht. Es gab keine Abgrenzung zwischen den Generationen. In diesem Umfeld fand Sexualität nicht nur zwischen Erwachsenen statt, sondern bestand darin, den Körper des anderen in Besitz zu nehmen, um nicht »unterzugehen«. Erwachsene, die in diesem Umfeld der unfreiwilligen Aneignung und Ausnutzung aufgewachsen sind, werden nur schwerlich andere Möglichkeiten finden, ihre Bedürfnisse zu befriedigen, als ihrerseits die eigenen Kinder auszubeuten – möglicherweise auch sexuell.

In der **totalitären Familie** erlebten die späteren Eltern die traumatischen Auswirkungen eines gewaltsamen und totalitären Erziehungssystems. Oft war der Vater despotisch und sehr streng, und die unterwürfige und passive Mutter schloß sich dem Wertesystem des Vaters an. In diesem Familientyp lernen die Kinder absolute Regeln über das Leben, die Sexualität, über Gut und Böse. Sie erhalten wenig Zärtlichkeit, ihre Individualität und ihre Gefühle werden nicht respektiert. Sehr oft mißbraucht der moralisierende Vater seine Kinder, die ihrerseits ihre Kinder wieder ausbeuten werden, indem sie sich mit den absolutistischen Werten ihres Vaters identifizieren. Die einzige Art, ein bißchen Zuneigung und menschliche Wärme zu erhalten, ohne die puritanischen Moralvorstellungen der Eltern zu verletzen, scheint für diese Menschen darin zu bestehen, den Schwächsten auszubeuten. Sie leugnen es zumeist, daß sie ihr Kind tatsächlich mißbrauchen.

Aus den Beratungen weiß man, daß dieses Leugnen selbst dann noch konsequent aufrechterhalten wird, wenn die Tochter das Schweigen gebrochen oder der Täter von einer Drittperson Beweise vorgelegt bekommen hat. Im Gespräch verteidigen sie ihre krasse, absolutistische Welt. Ihre Lebensgeschichte und ihre Art, sie aufzuarbeiten, hindert diese Erwachsenen daran, der Wahrheit ins Gesicht zu schauen, weil sie die Möglichkeit nicht wahrnehmen, Beziehungen zu ihren Mitmenschen aufzubauen, in denen jeder respektvoll mit dem anderen umgeht.

Diese Schematisierung beinhaltet, wie alle psychologischen Modelle, die Gefahr, sie nun auf sich selbst oder andere Familien wie Schablonen anzulegen und dann zu sagen: Da besteht die Gefahr des Mißbrauchs. Tatsächlich sind es aber lediglich Erklärungsversuche, um die Hintergründe der Täter zu erklären, ein wichtiger Unterschied, auf den wir später noch einmal zurückkommen.

Zusammenfassend läßt sich also sagen, daß entscheidend für den psychologischen Hintergrund der Täter nicht die Zugehörigkeit zu einer bestimmten sozialen oder ökonomischen Schicht ist, sondern deren von Gewalt und Ausbeutung gekennzeichnete Vergangenheit. Wenn sie mit ihren Kindheitserlebnissen konfrontiert werden, sind sie überfordert und suchen den Abbau der sexuellen Spannungen zu Kindern. Dabei geht es ihnen nicht um die sexuelle Befriedigung an sich, sondern sie haben das Bedürfnis, die Illusion von Macht und Kontrolle zu erleben, die ihnen die Beziehung zu einem Kind verleiht. Zwanghafte Ausbeutung heißt auch, verborgene Angstgefühle zu haben, die mit mangelhaftem Selbstwertgefühl, geringer Selbstachtung, der Mißachtung von

Grenzen bei sich selbst und anderen Menschen, dem Unvermögen, mit Gleichaltrigen Beziehungen zu haben, einhergeht. Deswegen neigen auch solche Erwachsenen zum Mißbrauch von Kindern, die in ihrem Innersten eine tiefe Angst oder Unsicherheit spüren, Sex mit einem anderen erwachsenen Partner zu haben, weil sie fürchten zu versagen, Ansprüchen nicht zu genügen. Kinder, die aufgrund alter patriarchalischer Werte von Männern schon immer als Besitz betrachtet wurden und Erwachsenen unterlegen sind, erscheinen da als die richtigen Opfer, um das schwache männliche Selbstbewußtsein wieder zu stabilisieren. Im Zusammenhang mit Kindern braucht ein Mann sich nicht speziell darum zu bemühen, potent, mächtig und stark zu sein. Er ist es ohnehin.

80 Prozent der Täter gehören diesem »zwanghaften Typ« an, die gegenüber dem Kind eine Elternrolle wahrnehmen: Vater, Adoptivvater, Schwiegervater, Vormund usw. Diese Menschen, die zu Gleichaltrigen eine primitive sexuelle Beziehung haben, wenden sich infolge einer Verschlechterung ihrer Partnerbeziehung, eines traumatischen Erlebnisses oder einer existentiellen Krise dem Kind zu. Dazu paßt dann, daß die Mehrzahl der Übergriffe auf Kinder in der Famlie genau in einem solchen Augenblick beginnen, wo die Frau für einige Zeit aus dem Haus ist.

Nur 20 Prozent der inzestuösen Väter sind klassische Pädophile, die Kinder außerfamiliär suchen. Diese haben ebenfalls eine primitive sexuelle Beziehung zu Kindern. Sie würden selbst am liebsten ewig Kind bleiben, um sich der Verantwortung und den Problemen im affektiven und sexuellen Bereich mit Erwachsenen zu entziehen. In den entsprechenden Treffpunkten der internationalen Datennetze werden dann unter diesen Infantilisten Diskussionen geführt, zu Fragen wie und ob es sexuell attraktiv ist, ständig Windeln zu tragen oder anstatt die Toilette vor anderen Sexualpartnern ein Babytöpfchen zu benutzen.

Das Problem vieler Pädophiler ist das Fehlen eines Schuldbewußtseins. Sie bewegen sich in einer ideologischen Scheinwelt, die sich aus sich selbst heraus rechtfertigt und keine Reflexion über ihr Tun zuläßt. Therapierbar sind solche Menschen erst dann, wenn sie sich eingestehen: Ich habe ein Kind ausgebeutet. Eine ähnliche Struktur also wie bei Alkohol- oder anderen Suchtkranken, die erst dann für eine Therapie zugänglich sind, wenn sie als ersten Schritt zu dem Eingeständnis kommen: Ich bin suchtkrank.

Täter und Opfer nicht verwechseln

Wer sich derart genau mit den Hintergründen und Motiven der Täter und Opfer auseinandersetzt, läuft Gefahr, sich dem Vorwurf auszusetzen, er wolle die Rollen vertauschen und nunmehr die Täter zum Opfer oder gar die Opfer zum Täter machen. Tatsächlich aber kann man das Problem der Kinderpornographie und -prostitution nicht nur mit Gesetzen bekämpfen, wenn man nicht bei Symptomen stehen bleiben will. Die Täter verstehen zu wollen, bedeutet nicht, sie freizusprechen. Es ist die Vorstufe dazu, sich über weitergehende Hilfen und eine Bekämpfung der Ursachen Gedanken zu machen. Dies ist deswegen von so großer Bedeutung, weil – wie oben gezeigt – das geltende Strafrecht immer dazu neigt, den Opfern eine Mitschuld zumindest zuzuschieben. Das beginnt schon bei den Ermittlungen, wo das Opfer gerichtsverwertbar minutiös alle Details der sexuellen Übergriffe beschreiben muß, vor allem auch deshalb, um das Verhalten des Opfers auf mögliche oder eventuell vorhandene Provokation des Täters abzuklopfen.

Auf der Täterseite wird mit dem verbreiteten Bild vom Triebtäter ebenfalls eine Art Entlastung eingeleitet, nach dem Motto: Er kann ja nicht anders. Dem widerspricht aber völlig, daß es den Tätern eben nicht um die Befriedigung des Sexualtriebs geht. Wenn Erwachsene Kindern ihre sexuellen Bedürfnisse aufdrücken, tritt aber nicht Lust, sondern Macht zutage. Die Vermischung von Lusttrieb und Machttrieb verschleiert das Geschehen im Interesse der Täter: die Sexualität wird der Gewalt untergeordnet. Dazu paßt auch, daß die Täter oft genug mit erheblicher krimineller Energie und ausgesprochen gezielter, fast durchdachter Strategie sich Kinder gefügig machen und rücksichtslos mit dem absoluten Schweigegebot unter Druck setzen. Die funktioniert in allen Formen des Kindesmißbrauchs im Grunde gleich: Beim Mißbrauch in der Familie steht das Kind plötzlich in dem Dilemma zwischen dem Wunsch nach Aufdeckung und dem damit verbundenen Verlust eines nahestehenden Menschen. Was wiederum für den Fall, daß das Kind den Eltern erzählt, was geschehen ist, bedeutet, daß diese dazu neigen werden, alles unter der Decke zu halten, um keinen Skandal aufkommen zu lassen bzw. weil man den Täter ja noch braucht.

Dafür gibt es schlimme Beispiele aus der psychotherapeutischen Praxis. Ein zwölfjähriges Mädchen beispielsweise berichtete einer Sozialarbeiterin vom fortgesetzten Mißbrauch durch den Vater. Als dieser angeklagt und inhaftiert wurde, verlor er seine Stelle und die Familie jedes Einkommen. Nun begann der Druck der Mutter auf das Mädchen, doch die Beschuldigungen zurückzunehmen, um den Vater – ergänzt werden muß wohl: den Ernährer der Familie – wieder freizubekommen. Am Ende zerbrach die Familie, das Kind landete in einem Heim. Ein hoher Preis für das offene Bekenntnis.

Bei den Tätern, die sich außerhalb der eigenen Familie Kinder auf dem offenen Markt oder auch auf einer Reise kaufen, ist dies oft genug nicht anders. Die Minderjährigen werden von ihren Eltern ja durchweg deswegen verkauft oder abgegeben, um eigene wirtschaftliche Schwierigkeiten zu bewältigen. Sagt das Kind aber nein, wenn es das überhaupt kann, oder deckt Täter und Mittäter auf, sprengt es wiederum die Existenz der ganzen Familie. Es gibt zahlreiche Beispiele von Kindern in der Dritten Welt, die ganz bewußt mit diesem Argument unter Druck gesetzt werden, sogar anschließend über die Ausgabe des Geldes mitbestimmen dürfen, das sie selbst mit ihrem Körper erwirtschaftet haben. Diese Not der Kinder machen sich die Täter bewußt zunutze.

Diese ganzen psychologischen, fast analytischen Erklärungsversuche zu den Tätern bergen jedoch immer eine große Gefahr. Einerseits sind sie natürlich wichtig, um den Täter nicht zu dämonisieren. Allzu oft wird nämlich in der Öffentlichkeit und in der Berichterstattung der Täter oder die Täterin als Verkörperung des Bösen hingestellt, für die dann härteste Strafen, nicht selten die Todesstrafe gefordert werden. Andererseits wird dabei aber übersehen, daß eine solche Tat nicht im luftleeren Raum entsteht, sondern wenn nicht Ergebnis, so doch Bestandteil einer persönlichen Geschichte ist, die von der Umgebung geformt und mitgeprägt ist.

Hinzu kommt, daß die psychologische Ausleuchtung der Motive von Täterinnen und Tätern leicht dazu führen kann, sie so zu entschuldigen, daß die ganze zielgerichtete Strategie bei der Suche von Opfern übersehen wird. Schon das Wort Triebtäter legt die Assoziation von einem Überwältigtwerden durch Triebe nahe. Tatsächlich aber gehen Täter oft mit geduldiger Strategie vor, umgarnen ihr Opfer, wählen es gezielt aus. Das beginnt schon bei der Tatsache, daß unter denen, die Kinder mißbrauchen oder zum Mißbrauch weitergeben, überdurchschnittlich viele

Adoptivväter sind. Fachleute sehen darin keinen Zufall, sondern Absicht, da sich solche Männer bei der Wahl der Partnerin solche Frauen aussuchen, die ein Kind haben. Das heißt mit anderen Worten, daß die Täter eigentlich nicht die Verbindung zur Frau, sondern von vorneherein schon zum Kind suchen.

Andere Täter wenden sich zielgerichtet an Kinder, die sie manipulieren können. Dies sind neben freundlichen und offenen Jungen und Mädchen auch bedürftige und wehrlose Kinder wie zum Beispiel Wohlstandswaisen, vernachlässigte Kinder, Mädchen und Jungen aus zerrütteten Familienverhältnissen bzw. Opfer, die schon von anderen Tätern mißbraucht wurden.

Lange bevor es zum wirklichen Mißbrauch kommt, »arbeiten sich die Täer langsam und systematisch« vor. Da wird das Kind auf den Schoß genommen, gestreichelt, wie zufällig rutscht die Hand zwischen die Beine, um zu sehen, ob das Kind sich wehrt. Leistet es Widerstand, wird der Kontakt schnell abgebrochen. Begehrt es nicht auf, werden die Annäherungsversuche massiver. Dies wird durch »begleitende Maßnahmen« unterstützt, wie Ursula Enders aufzeigt. Mädchen werden heruntergemacht (»Du bist so häßlich, du kriegst sowieso niemanden«), damit die Zuwendung des Täters einem Rettungsversuch gleichkommt. Zwischen Mutter und Kind wird ein Keil getrieben usw.

Natürlich muß man diesem Problem mit den Mitteln des Strafrechts und der Strafverfolgung zu Leibe rücken. Aber Strafe hat zu oft auch nur eine Alibifunktion. Sie beseitigt nicht das eigentliche Problem. Sie beruhigt das Gewissen, isoliert den Täter zum vermeintlichen Schutz des Kindes. Die Kinder wollen in der Regel aber nicht den Vater, den Onkel, die Mutter verlieren. Sic wollen nur, daß der Mißbrauch aufhört. Aus diesem Dilemma wissen viele betroffene Kinder nur den einen Ausweg: Sie laufen weg. Nach Polizeiangaben sind 50 Prozent der Minderjährigen, die von zu Hause weglaufen, Inzestopfer. Und Inzestopfer heißt nicht nur Mißbrauch durch Angehörige, sondern im weiteren Sinn wohl auch Weitergabe zum Mißbrauch durch Angehörige.

Nicht strafen, sondern helfen

Von dieser zentralen Erkenntnis aus der Sicht des Opfers müssen zusätzlich zum Strafrecht und den Defiziten in der Verfolgung Überlegungen angestellt werden, wie man den Mißbrauch abstellt, ohne zugleich das Opfer am Ende vielleicht nicht zum Täter, so aber doch zum Schuldigen für die dann einsetzende Misere zu machen.

Die eine Möglichkeit besteht darin, den ganzen Tatbestand noch drastischer als bisher zu kriminalisieren. Dabei würden dann die Strafen deutlich erhöht, die Justiz müßte noch massiver durchgreifen, die Polizei entschiedener schon im Vorfeld und zur Prävention durchgreifen.

Das ist, keine Frage, der naheliegende und meistgeforderte Weg. Die öffentliche Empörung über Vorgänge wie in Flachslanden, die in jedem Land der Dritten Welt hunderttausendfach stattfinden und hingenommen werden, machen ein öffentliches Bedürfnis nach Strafe und Rache an den Tätern nachvollziehbar. Aber Rache ist kein Ziel des Rechtsstaates, sondern Resozialisierung. Mit anderen Worten: Es geht nicht nur darum, einen Täter zu bestrafen, sondern ihm zur Besserung und Verhaltensänderung zu verhelfen. Auch wenn der Gedanke bei Delikten wie dem des Kindesmißbrauchs besonders fremd zu sein scheint, muß die Frage nach dem eigentlichen Sinn des staatlichen Eingriffs gestellt werden. Einen Täter lediglich zu isolieren, ist nur auf den ersten Blick eine Lösung, wie das obige Beispiel zeigt. Es verschärft sogar noch den Druck auf die Kinder, weil sie – wie gesagt – wissen, daß ihr Schweigen über den Fortbestand der Familie entscheidet. In dieser Situation entwickeln die Opfer eine Überlebensstrategie. Und die heißt meist: hinnehmen, abschalten, über sich ergehen lassen.

Zahlreiche Kinder gehen nicht deswegen auf den Strich, weil sie drogensüchtig sind. Sie sind drogensüchtig, weil sie auf den Strich gehen. Das ist ihre Form von Überlebensstrategie. Die Minderjährigen in der Dritten Welt entwickeln ebenso Überlebensstrategien, um diese schlimmen Augenblicke der sexuellen Ausbeutung überstehen zu können.

Deshalb kann eine Lösung nicht **nur** darin bestehen, die Täter (und damit auch die Opfer) verschärft zu kriminalisieren. Das Thema darf zwar nicht entkriminalisert, aber es muß enttabuisiert werden. (Wobei wir jetzt nur über die unmittelbaren Täter und nicht über die Vermittler, Händler, Syndikate sprechen.)

Die Psychologie der Täter hat einen Hintergrund zahlreicher Defizite klar gemacht. Man könnte auch sagen, damit wurde deutlich, wie diese Menschen vor aktuellen Anforderungen flüchten. Nun kennen wir zahlreiche Fluchtmechanismen Erwachsener, um Herausforderungen, denen man sich nicht gewachsen fühlt, zu entgehen. Der eine trinkt, der nächste nimmt Drogen, der dritte entwickelt Hyperaktivitäten im Beruf (Workaholic), der vierte sublimiert seine Defizite durch hochgeschraubte sportliche Aktivitäten. Über alle diese Dinge haben wir im Laufe der Jahre gelernt zu reden. Nur über die Kompensation durch Sexualität nicht.

Auch diese hat ja vielfache Formen. Von der sexuellen Belästigung am Arbeitsplatz angefangen, über die Vergewaltigung in und außerhalb der Ehe bis hin zu Formen des sexuellen Beisammenseins, die gemeinhin mit dem Attribut »pervers« zusammengefaßt werden. Dabei geht es auch bei sadomasochistischen Praktiken in ihrem Kern immer nur um die Auslebung unterdrückter Machtbedürfnisse: sich den anderen gefügig machen, einem Menschen wehrlos ausgeliefert zu sein, einen Partner erniedrigen, ihn sogar durch Zufügen von Schmerzen teilweise zu zerstören. Und sei es nur für wenige Augenblicke.

Die Anonymität der internationalen Datennetze ist ein breites Spielfeld für solche unterdrückten Bedürfnisse. Da lebt die brave Ehefrau im verbalen Rollenspiel ihr Bedürfnis nach sadistischer Folterung eines Mannes aus, weil sie sich in der Realität von Männern ausgenutzt und unterdrückt fühlt, aber nicht aufbegehren kann. Da wird der sonst so dominante Mann zum Sklaven, weil er in den Herausforderungen des Alltags seinen Mann stehen muß und nicht auch mal schwach sein kann. Da werden extreme sexuelle Phantasien ausgelebt, weil Sexualität zur Formel erstarrt ist. Da trifft man sich mit unbekannten Partner zu one night stands, einer Art Fast-Food-Sex, bei dem es nur darum geht, seine sexuelle Lust und Phantasie zu erproben, was zu Hause aus Scham oder wegen der Erhaltung des Selbstbildes nicht möglich ist. Und da werden eben auch Vorstellungen vom Sex mit Kindern ausgetauscht, bei denen die Kinder nicht selten benutzt, gequält und dann zerstört werden. Der Einwand, man könne hier anonym und auf ungefährliche Art befriedigen, was man sonst »auf der Straße« ausleben würde, zieht aber nicht. Im Gegenteil. Dirk Bange, einer der führenden Experten und Berater in Fällen von Kindesmißbrauchs weiß; »Hier fallen Hemmschwellen, weil man Gleichgesinnte trifft. So wächst das Gefühl, das Tabu existiere ja gar nicht mehr. Man tut sozusagen einen Schritt in Richtung Realität.«

Wer hinter solche Formen der Kompensation und Sublimierung psychischer Defizite kommen und sie Stück für Stück abstellen will, darf aber nicht durch eine weitere Entkriminalisierung dazu beitragen, sie noch weiter unterdrücken zu müssen. Sondern man muß sie aufdecken und besprechbar machen. Walter Wilken, Geschäftsführer des Deutschen Kinderschutzbundes: »Dies ist nach wie vor ein Tabuthema, obwohl wir glaubten, dies enttabuisiert zu haben. Wer den sexuellen Mißbrauch von Kindern in den Kontext der Sexualität in unserer Gesellschaft insgesamt stellt, wird unter Garantie angegriffen werden. Denn viele werden sagen: Der lenkt von diesem ganz schlimmen Thema ab.«

Genau darum geht es nicht. Und zugleich geht es genau darum. Wer den grassierenden Mißbrauch von Kindern in unserer Gesellschaft bekämpfen will, muß zweierlei tun: Er muß einerseits mit Hilfe von Strafrecht und Polizei die kriminellen Praktiken aufs schärfste bekämpfen, verfolgen und soweit möglich präventiv verhindern. Er muß aber zugleich andererseits über Lösungen nachdenken, um den Mißbrauch nicht durch falsche Aufarbeitung und Schuldzuweisung zu verstärken.

Nicht entkriminalisieren, aber enttabuisieren

Eine falsche Schuldzuweisung wäre es aber, die Pädophilen und die anderen Täter gleichsam als eine besonders perverse Sondergruppe abzustempeln. Sie sind es nicht. Kindesmißbrauch ist eine von vielen Formen innerhalb der Sexualität, Aggressionen, die Bedürfnisse nach Gewalt und Macht abzureagieren. Deshalb kommt man nur weiter, wenn man dieses Thema wirklich enttabuisiert und darüber spricht. Daran müssen sich nicht zuletzt die Therapeuten und Sexualwissenschaftler beteiligen, die weit mehr wissen, als sie sagen und schreiben. Denn die Furcht vor öffentlicher Verurteilung ist groß.

Vor einigen Jahren gab es aus den Reihen grüner Politiker einen Vorstoß, Sex mit Kindern bereits ab 14 Jahren freizustellen. Das war natürlich politisch nicht nur ungeschickt, sondern auch völlig falsch. Es kann nicht darum gehen, die Delikte dadurch zu beseitigen, daß man sie legitimiert. Sie dürfen weder gut geheißen, noch legitimiert werden. Aber sie müssen dadurch bekämpft werden, daß man über die Strukturen im Hintergrund aufklärt. Wer die Täter lediglich dadurch klassifiziert, daß er sie als »perverse Schweine« aus dem Verkehr zieht, mag zwar anschließend ein ruhiges Gewissen haben, zur Lösung oder gar Verhinderung künftiger Probleme hat er keinen Beitrag geleistet.

Wie gefährlich solche Verharmlosungen sind, wird verständlich, wenn man weiß, wie viele Männer Kinder als durchaus sexuell anregend finden. Dirk Bange verweist auf eine Untersuchung aus dem Jahre 1989, in der beispielsweise herausgefunden wurde, daß bei einer Befragung von 193 männlichen Studenten 21 Prozent einräumten, sie würden zumindest ein wenig durch kleine Kinder erregt. Neun Prozent berichteten über Sexphantasien mit Kindern; fünf Prozent hatten sich schon während solcher Phantasien selbst befriedigt und sieben Prozent der Männer äußerten den Wunsch, »Sex« mit Kindern zu haben, wenn dies straffrei wäre. Gehäuft fand sich sexuelles Interesse an Kindern bei Studenten mit der Neigung zu sexueller Dominanz, mit Pornographiekonsum zur Selbstbefriedigung, mit dem Wunsch eine Frau zu vergewaltigen sowie mit negativen früheren sexuellen Erfahrungen.

Deshalb, so Bange weiter, liegt es nahe zu vermuten, daß Verdrängungen und durch die Sozialisation aufgebaute Hemmschwellen notwendig sind, um sexuellen Mißbrauch an Kindern zu verhindert. Und alles, was diese Hemmschwellen vermindert wie beispielsweise Kinderpornographie oder die Verherrlichung der Kinderprostitution, könnte sexuelle Gewalt an Kindern mitbedingen oder zumindest auslösend wirken. Gerade deswegen, so muß man folgern, dürfen auch rein verbale Dialoge in Online-Dialogen nicht einfach auf die leichte Schulter genommen werden und als private Sache abgetan werden. Auch diese Unterhaltungen sind ein Beitrag dazu, die Hemmschwellen herabzusetzen mit allen Gefahren, die sich daraus ergeben.

Sexualität ist kein Feld, das man als Erwachsener betritt und sich dann darauf auskennen und austoben darf. Sexualität ist ein Ergebnis eines langen, psychisch-affektiven Entwicklungsprozesses, der in der frühesten Kindheit beginnt. Sexualität ist zugleich ein Ersatzkriegsschauplatz für nicht realisierte Empfindungen und Bedürfnisse Erwachsener. Der Versuch, sie auf eine reine Frage der Fortpflanzung einzugrenzen, ist genauso fatal wie der Versuch, sie zum freien Spielfeld für alles, was erlaubt ist und was gefällt, zu machen. Für moralische

Zeigefinger ist da schon gar kein Platz. Es hat auch keinen Sinn, die Empörung in blanke Repression münden zu lassen.

Wir müssen auch darüber reden, wo gesellschaftliche (und strafrechtliche) Strukturen dazu beitragen, die Bedeutung von Sex mit Kindern zu vernebeln oder gar zu entschuldigen. Walter Wilken vom Deutschen Kinderschutzbund nennt dazu als Beispiel die »unterschwellige Sexualisierung« im Umgang mit jungen Mädchen, die oft schon früh als »sexy Biene« oder »kleines Luder« bezeichnet werden. Das muß nicht sexistisch gemeint sein, aber diese Bemerkungen ordnen Kinder bereits nach den sexuellen Kriterien von Erwachsenen ein. In vielen Männerkreisen gilt es nach wie vor als Dokument von Attraktivität, wenn man auch (noch) bei besonders jungen Mädchen »landen kann«. Als die Zeitschrift »FOCUS« einen großen Report über Kinderpornographie und -prostitution veröffentlichte, ressortierte der im Inhaltsverzeichnis unter dem Schlagwort »Modernes Leben«. So entsteht, möglicherweise ohne es zu wollen, jene latente Einstellung, es ginge um ein Kavaliersdelikt.

Das betrifft auch die Sextouristen, die sich bei der Bekanntgabe ihres Reisezieles in Kollegenkreisen immer noch auf ein neckisches Augenzwinkern verlassen können. Oder um es anders zu sagen: Die öffentliche Empörung über Prostitution mit Kindern korrespondiert in keiner Weise mit den wirklichen Verhaltensweisen im Alltag. Auch das ist übrigens kein auf Kinderprostitution beschränktes Phänomen, sondern gilt für die Vergewaltigung ebenso wie für Gewalt gegen Partner, gleichgültig ob der männlich, weiblich oder minderjährig ist. Die beiden niederländischen Soziologen von Stolk und Wouters, berichtet Claudia Burgsmüller in ihrem bereits mehrfach zitierten Gutachten für die terres-des-hommes-Kampagne gegen Kinderprostitution, die mit schlagenden Männern arbeiteten, fanden heraus, daß für das Verhalten der Täter sowohl die gesellschaftliche Akzeptanz ihres leugnenden Verhaltens als auch Rationalisierungsstrategien mitbestimmend waren.

Täter müssen das Gesicht verlieren

Für die Kinderprostitution ebenso wie für die Konsumenten von Kinderpornographie muß dies als erste Konsequenz bedeuten, daß alle Regelungen und Maßnahmen dazu beitragen müssen, daß die Täter ihr

Gesicht verlieren. Sie dürfen nicht länger als eine Art Kavaliere dastehen, die nur den Mut gehabt haben, etwas ganz Besonderes geschafft zu haben.

Sie müssen zum zweiten auch materiell zur Wiedergutmachung des angerichteten Schadens herangezogen werden. Es reicht nicht, sie juristisch abzuurteilen. Überall in der Welt – auch in der Bundesrepublik – sind zahlreiche Anlaufstellen, Therapiezentren und Heime für mißbrauchte Kinder entstanden. Ein Teil der »Strafe« für Täter müßte darin bestehen, die Therapie von mißbrauchten Kindern, derer sie selbst schuldig geworden sind, finanziell – nur finanziell? – mitzutragen. Die Frage, ob es in der Therapie sinnvoll ist – wie dies bei einem Modellversuch mit vergewaltigten Frauen versucht wird –, die Täter mit den Opfern bei der Aufarbeitung zusammenzubringen, muß wohl erst noch hinreichend wissenschaftlich untersucht werden. Obwohl der Gedanke in Fällen von mißbrauchten Kindern auf den ersten Blick eine Überforderung zu sein scheint, gibt es zumindest Hinweise darauf, dies wenigstens zu prüfen. Der Anwalt der angeklagten Mutter im Flachslanden Prozeß, der Landshuter Rechtsanwalt Hubertus Werner, führte beispielsweise bei einem Fachsymposium aus, daß es für die Therapie der mißbrauchten Kinder »sehr wichtig« gewesen sei, daß einige der Angeklagten sich zu ihrer Schuld bekannt hätten. Mit anderen Worten: daß sie nicht noch durch sich immer wiederholende Befragungen von Staatsanwaltschaft oder Ermittlungsbeamten die Ereignisse wiederholen mußten.

Desweiteren muß mit Blick auf die Täter die Frage gestellt werden, ob sich nicht – wie in der Suchttherapie – ein Angebot nach dem Motto »Therapie statt Strafe« anbietet. Dies würde bedeuten, daß die Bereitschaft eines Täters zur Behandlung bei der Bemessung des Strafmaßes mindernd in Rechnung gestellt wird. Dahinter steht der Gedanke, daß nur so die Bereitschaft der Mißhandelnden geweckt werden kann, ihre Schuld einzugestehen, damit die Voraussetzung für eine erfolgreiche Therapie gegeben ist. Die Einwand zahlreicher Berater, eine Therapie nur unter Druck bringe keinen Erfolg, sticht gerade aufgrund der Erfahrungen bei Alkohol- oder Drogenkranken nicht. Dort konnte immer wieder beobachtet werden, daß zwar am Anfang eher mißmutig die Therapie begonnen wurde – nach dem Motto: Ich bin nur hier, um dem Gefängnis zu entgehen –, daß sich aber sehr bald die Einstellung veränderte und die Behandlung als Chance begriffen wurde.

Dies ist jedoch nicht möglich, ohne daß die Täter gleichzeitig das Gefühl haben können, nach erfolgreicher Therapie auch in ihrem sozialen Umfeld wieder zu leben. Damit liegt ein Teil des Schwarzen Peters wieder bei jedem einzelnen von uns. Denn wenn wir nicht in der Lage sind, den Täter einerseits als Täter zu entlarven, ihm andererseits Besserung zuzugestehen, bleibt letztlich jede Behandlung aussichtslos.

Das ist vielleicht der schwierigste Punkt. Denn es erfordert von der Öffentlichkeit, nicht nur den besonders sensiblen Bereich der Sexualität endlich wirklich zu enttabuisieren, sondern sich zugleich konstruktiv damit auseinanderzusetzen, daß es Perversionen gibt, die Ausdruck anderer Defizite sind. Der Gedanke an Kindesmißbrauch und die Bilder davon mögen die Mehrzahl der Bevölkerung mit Recht anekeln. Es dabei zu belassen, hilft nicht nur den Tätern nicht, sondern macht den Opfern die Offenlegung der Tat noch schwerer.

Zugleich brauchen wir Strategien für den Umgang mit den Opfern. Im Kapitel über die Situation in Thailand, den Philippinen, Sri Lanka und der Dominikanischen Republik ist der Satz einer Mutter zitiert: »Eure Moral macht uns nicht satt.« Es ist keine Hilfe für die Kinder, die Diskussion mit dem moralischen Zeigefinger zu führen. Diese Kinder versuchen, in einer Situation, für die sie keine Schuld tragen, zu überleben. Kein Kind bietet sich von sich aus zur Prostitution oder zum Mißbrauch an. Der Versuch, nach dem Schuldanteil des Opfers zu suchen, vergrößert den angerichteten Schaden nur noch.

Moral alleine hilft nicht

Wer also der Prostitution das Wasser abgraben will, muß den betroffenen Minderjährigen andere Überlebensstrategien anbieten, anstatt sie durch Moralisieren oder weitere Kriminalisierung noch tiefer in die Illegalität zu stoßen. Psychosoziale Angebote, Prävention und – so allgemein und unverbindlich dies hier auch klingen mag – eine gezielte Entwicklungszusammenarbeit mit der Dritten Welt sind dafür nötig. Der Sextourismus ist ein Ableger des Gedankens, man könne den Menschen der Dritten Welt dadurch helfen, daß man sie von unserem Geld abhängig macht. Sie bräuchten sozusagen nur unsere Wünsche erfüllen, dann bekämen sie auch unser Geld. Das ist eine Form von neokolonialem

Denken, das in Form von Kinderprostitution wie Prostitution allgemein nur einen besondern verachtenswerten Niederschlag findet.

Und dies ist keineswegs nur ein Thema der Dritten Welt. Polizei und Berater vor Ort sind sich völlig einig, daß auch die minderjährigen Prostitutierten hierzulande letztlich aus sozialen und ökonomischen Motiven ihren Körper verkaufen. »Die Mutter der neunjährigen Irena ist illegal hier«, schrieb mir ein Vermittler in Datex-J. Und dann: »Sie hat kein Geld. Ihr Pech – mein Glück.« Zynischer kann man die Situation derer, die in Deutschland ihren Körper hinhalten müssen, wohl nicht mehr beschreiben. Das heißt aber auch, daß der sozialen, seelischen und materiellen Armut hierzulande verstärkt im Sinne von Prävention Aufmerksamkeit geschenkt werden muß. Das beginnt bei Kinderzentren und Therapieangeboten, und das endet bei einer größeren Offenheit in der Gesellschaft dafür, daß Menschen eben nicht normalerweise harmonisch und gesund groß werden und miteinander leben können. Um es deutlicher zu sagen: Harmonie ist nicht der Normalfall, sondern die Ausnahme. Und wer die Angebote von Beratern und Beraterinnen in Anspruch nimmt, ist nicht besonders mutlos, sondern im Gegenteil besonders mutig und sicherlich offener als andere, die ihre Probleme hinter einer Fassade verstecken. Es mag uns nicht gefallen: Aber die Tatsache, daß Kinder als Prostituierte oder Darsteller von pornographischen Bildern ausgenutzt werden, ist eines von vielen Signalen für menschliche, soziale und ökonomische Defizite in unserer Gesellschaft, die man nicht verdrängen darf, sondern mit denen man sich auseinandersetzen muß.

Zu dem Konzert dieser Maßnahmen gehören auch begleitende Schritte beim Aufbau der Datennetze. Kommunikation ist eine der großen Zukunftsbranchen. Die rasche, ständig verfügbare Vermittlung von Information gehört zu den Säulen der künftigen Gesellschaft. Es macht keinen Sinn, diese Entwicklung zu leugnen. Aber solche politischen und wirtschaftlichen Prioritäten müssen von passenden Instrumenten der Sicherheit begleitet werden.

Als der amerikanische Vizepräsident Al Gore 1991 seinen ersten Entwurf für eine künftige Informationsgesellschaft vorlegte, fehlte das Kapitel Sicherheit völlig. Als sich die Spitzen der G-7-Staaten Anfang 1995 in Wien auf elf Schwerpunkte für die künftigen Datennetze einigten, spielte die soziale und polizeiliche Sicherung keine Rolle. Und auch im Auftrag des Bundesforschungsministeriums an eine Projektgruppe Informationsgesellschaft Anfang 1995 war vom Schutz der Datenautobahn gegen kriminelle Nutzer keine Rede.

Natürlich ist es illusorisch zu glauben, man könne alle Daten in den jetzt schon vorhandenen 2,8 Millionen weltweiten Rechnern und Mailboxen, die sozusagen das Gehirn der globalen Datennetze darstellen, kontrollieren. Aber die Augen davor zu verschließen, daß diese modernen Instrumente auch für verbrecherische Zwecke eingesetzt werden, ist schlicht unverantwortlich.

Wir brauchen mit anderen Worten eine zur Datennetz-Offensive passende Offensive für mehr Sicherheit in den Leitungen. Nahezu alle Rechtsexperten, Juristen und Polizeifachleute sind sich darin einig, daß neben Klarstellungen und Präzisierungen der Gesetze die personelle und technische Infrastruktur zu deren Durchsetzung verstärkt werden muß. Modellprojekte machen nur dann einen Sinn, wenn sie nach Abschluß der Erprobungsphase ausgewertet und zu ständigen Einrichtungen flächendeckend ausgebaut werden. Anfang 1995 konnte die Zentrale Auswertungsstelle Kinderpornographie beim Landeskriminalamt Stuttgart darauf verweisen, daß in weit über 500 Fällen gegen Hersteller von CD-Datenträger Verfahren eingeleitet worden waren. Das ist ein wichtiger Schritt. Aber pro Monat erscheinen derzeit rund 2000 neue Produkte auf CD-ROM für Computer. Manche der CD-ROMs ent-

halten bis zu 1000 gespeicherte Bilder. Und die Hersteller schmuggeln geschickt die Kinderpornographie mitten unter ganz legale, »normale« Aktfotos.

Diese Dimension macht zugleich klar, daß man sich keineswegs allein auf die Strafverfolgungsbehörden verlassen kann. Wer als Nutzer von moderner Datentechnik auf gesetzeswidrige Angebote stößt – sei es nun Kinderpornographie, politischer Extremismus, Raubkopien oder sonst ein Delikt – muß den Mund aufmachen. Wobei die Sicherheitsbehörden freilich noch viel lernen müssen, um solche Hilfsbereitschaft betroffener Bürger auch wirklich zu nutzen und zu verstärken.

Den Mißbrauch erkennen

Ein Großteil des Problems liegt nämlich auch darin, daß zu oft der Mißbrauch gar nicht erkannt wird. Natürlich ist es vergleichsweise einfach, ein Verkaufsangebot von pornographischen Videos oder Datenträgern am Anschlagbrett eines Anbieters im Datennetz auszumachen. Deutlich schwieriger ist es dagegen, die Sprache der Szene sofort zu durchschauen. Zumal sie sich häufig Verschlüsselungen bedient, hinter denen der arglose Nutzer etwas Harmloses vermutet. Wenn beispielsweise in einer Anzeige »ein lieber Mann für mich und meine Mami« gesucht wird, vermutet jeder Leser auf den ersten Blick eine originellen Anzeigentext. Dies wird auch häufig der Fall sein. Sobald man sich in den einschlägigen Sexdiensten bewegt, wird man allerdings mit Recht aufhorchen müssen. Wer sich als »Tierfreund« ausgibt, sucht fast immer den Sex mit Tieren. Wer seine Dienste als »Babysitter« anbietet, ist in der Regel jemand, der Kontakte zu Kindern sucht. Und wer an Pseudonyme schreibt, die überhaupt keine Visitenkarte haben oder sich hinter Namen wie »Extrem«, »Perverse Sau« oder »Er mag SIE+IHN« verbirgt, darf mit Fug und Recht vermuten, daß der Absender nicht nur an Spielen mit Peitsche und Nadeln interessiert ist. Wo immer der Begriff »Familie« auftaucht (»Freizeit mit Familie gesucht« , »Freund der Familie«), ist ebenfalls Aufmerksamkeit geboten.

Solche Hinweise sind immer unvollständig und zweideutig, weil nicht in jedem Fall von derartigen Formulierungen gleich auf einen Kinderschänder geschlossen werden kann. Auffällig ist aber, daß der Umkehrschluß nahezu immer gilt: Leute, die Sex mit Kindern suchen oder anbieten, verbergen sich hinter solchen Worten. Wenn sich der Verdacht erhärtet, sollte zumindest der Anbieter informiert werden, der in der Regel auch einschreitet. Wenn nicht sogar die Polizei.

Ähnliches gilt für Mailboxen. Da der Bilder- und Datenbestand ja nicht vom Betreiber der Box, dem Sysop (System-Operator), selbst geladen wird, sondern auch die Nutzer immer wieder Bilder und Texte einspeisen, ist selbst bei bestem Willen eine Kontrolle nicht vollständig möglich. Wer also auf entsprechende Angebote stößt, tut auch hier gut daran, sofort und auch in Zweifelsfällen, den Sysop zu informieren. Diese Form der Selbstkontrolle der Nutzer ist ein wichtiger Schritt für alle jene, die an einem informativen, unterhaltsamen Netz interessiert sind.

Kindesmißbrauch erkennen wollen und können

Aufmerksamkeit aber ist nicht nur in den Datennetzen gefordert, sondern auch im sonstigen persönlichen Umfeld. Zu den großen Unbegreiflichkeiten rund um das Thema Kinderpornographie, -prostitution und -mißbrauch gehört es ja immer wieder, daß angeblich Nachbarn und Freunde nichts mitbekommen haben wollen. Ende 1994 hat das bayerische Sozialministerium eine eigene Studie vorgelegt, um Eltern, Erziehern, Beratern, Kindergärtnerinnen, Lehrern und Lehrerinnen und auch Ärzten Hinweise dafür zu geben, bei welchen Auffälligkeiten sie einen Mißbrauch zumindest nicht mehr völlig ausschließen sollten. Unter anderem wurde in der Studie auf Vorfälle verwiesen, die sich 1987 im britischen Cleveland ereignet hatten.

Damals wiesen zwei Kinderärzte innerhalb von vier Monaten mehr als 100 Kinder wegen sexuellen Mißbrauchs in eine Klinik ein und veranlaßten, daß den Eltern das Sorgerecht entzogen wurde. Die hohe Zahl an Klinikeinweisungen wegen des Verdachts auf sexuellen Mißbrauch führte zu einer Untersuchung durch eine Regierungskommission.

Die Kinder wiesen unterschiedliche Symptome auf. Bei einem Teil der Minderjährigen stützten die Ärzte sich auf das Symptom »anale Reflexdilatation«. Damit ist das Öffnen des Afterschließmuskels zu einer kreisrunden Öffnung gemeint, das bei einer bestimmten Untersuchungstechnik zustande kommt. Es gibt diesen Reflex aber auch ohne Mißbrauch. Die Kommission empfahl damals, eingehendere Untersuchungen darüber anzustellen, wie häufig körperliche Symptome bei gesunden und sexuell mißbrauchten Kindern vorkommen und wie spezifisch auch andere körperliche Symptome sind. Der Verdacht auf sexuellen Mißbrauch sollte durch eine umfassende Gesamtuntersuchung des Kindes geklärt werden.

Ergebnis der Untersuchung war nicht nur, daß die Kinder zu Recht eingewiesen worden waren, sondern auch, daß die Zusammenarbeit zwischen Ärzten, Krankenhaus, Jugendämtern und Gerichten völlig unzureichend gewesen war.

Dieses Ergebnis ist kein Einzelfall. Bei einer Untersuchung an 1114 Kindern an einer bayerischen Klinik 1988/89 wurde festgestellt, daß zwar 89 Prozent frei von Hinweisen auf Mißhandlung waren, bei 143 Kindern (11,3 Prozent) fanden die Mediziner jedoch eindeutige Symptome körperlicher bzw. sexuellen Mißbrauchs. Bei den weiteren Erhebungen stellte sich heraus, daß sowohl Ärzte wie Krankenpflegepersonal sich bei der Einschätzung der Symptome an ihrem Bild von den Eltern (»nette Eltern kommen für einen Mißbrauch nicht in Frage«) orientierten. Kindliche Verhaltensweisen spielten für das Urteil keine Rolle. Selbst Verletzungen eines Kindes wurden aufgrund eines positiven Eindrucks der Eltern nicht mehr berücksichtigt.

Anzeichen des Mißbrauchs

Deshalb wurden für die Ende 1994 zusammengestellte Studie noch einmal die körperlichen »Symptome und Symptomkombinationen« zusammengestellt, die Hinweis auf einen Mißbrauch sein könnten:

Hautverletzungen mit typischen Mustern wie Abbildung eines Gegenstandes oder einer Hand an Körperstellen, an denen im entsprechenden Alter (z.B. Kleinkinder im Laufalter) keine Verletzungen auftreten. Sie befinden sich im Gesicht, am Rücken oder am Gesäß.

Blutergüsse durch Schläge findet man bei mißhandelten oder mißbrauchten Kindern an Gesäß und Rücken, Genitalien und an den Innenseiten der Oberschenkel, Wangen (Ohrfeigen), Ohrläppchen (Zwicken) und Hals (Würgemale) sowie an Oberlippe und Lippenbändchen z.B. durch gewaltsames Füttern.

Davon, so heißt es in der Erhebung weiter, ließen sich unfallbedingte Verletzungen durchaus klar abgrenzen, die bei Kleinkindern als Folge von Stürzen an Knien, Ellenbogen und im Gesicht zu finden sind. Zu unterscheiden seien auch andere Hautveränderungen wie angeborene bläuliche Verfärbung der Unterhaut oder auch akut auftretende Schwellungen der Augen durch Hautallergien. Blutergüsse in unterschiedlichem Alter lassen an wiederholte Züchtigung denken.

Bei stumpfen Bauchverletzungen sei an Mißhandlungen zu denken, wenn kein Unfall oder eine andere eindeutige Verletzungsursache vorliegt. Bei Knochenbrüchen kommt diese Möglichkeit in Frage, wenn das

Kind noch nicht laufen kann und keine die Knochen betreffende Erkrankung vorliegt, oder wenn keine Erklärung für den Knochenbruch gegeben wird, oder auch wenn bei der Untersuchung zusätzliche unerklärliche Verletzungen oder alte Brüche festgestellt werden.

Rippenbrüche würden durch Hin- und Herschütteln sowie Zusammendrücken des Brustkorbes am hinteren Rand des Rippenbogens entstehen, der an der Wirbelsäule anliegt.

Bei Verbrennungen und Verbrühen läßt ein dem Entwicklungsstand des Kindes nicht entsprechendes Muster an Mißhandlung denken. Gesäß und Hände gleichzeitig oder Hände und Füße sind dann betroffen, wenn ein Kind in ein zu heißes Bad gesetzt wird. Ein solches Verbrühungsmuster kann nicht entstehen, wenn ein Kind selbständig in die Badewanne steigt.

An die Möglichkeit von sexuellem Mißbrauch lassen folgende körperlichen Symptome denken: Verletzungen im Genital- und Analbereich ohne plausible Erklärung, sexuell übertragene Krankheiten bei Kindern und Schwangerschaft in der Frühpubertät.

Solche Tips können natürlich an Ärzte, vielleicht noch Kindergärtnerinnen gerichtet sein. Das soziale Umfeld ist da eher auf psychische Veränderung eines Kindes angewiesen. Diese aber sind erheblich schwerer zu identifizieren, zumal es keine spezifische Störung gibt, die immer kausal mit sexuellem Mißbrauch zusammenhängt. Im Gegenteil: Magersucht oder psychische Veränderungen zeigen sich oft genug auch durch andere Faktoren ausgelöst. Und das von der Fachwelt immer wieder zitierte deutlich sexualisierte Verhalten eines mißbrauchten Kindes ist für einen Laien auch eher schwer auszumachen. Mißdeutungen sind leicht möglich, wie der Fall des Kindes zeigt, dessen Mutter den Vater des Mißbrauchs beschuldigte, nachdem das Mädchen eines Tages nach einer Unternehmung mit dem Vater immer wieder die Worte »Kleider weg«, »Lutschen« und »Herz auf die Wange gemalt« gesagt hatte. Der Vater wehrte sich gegen die Vorwürfe, wurde dennoch inhaftiert und nahm sich dort das Leben. Erst Jahre später stellte sich heraus, daß der Vater mit seiner Tochter einen Zirkus besucht hatte, in dem Clowns ihre Kleidung auf einen Haufen geworfen, einen überdimensionalen Lutscher gelutscht hatten und der Kleinen, weil sie so nett gelacht hatte, ein kleines Herz auf die Wange gemalt hatten.

Das Beispiel mag alle jene entmutigen, die glauben, Indizien für einen Kindesmißbrauch im einen oder anderen Fall gefunden zu haben.

Zweifellos sollte man mit diesem Vorwurf behutsam umgehen und zunächst alle anderen Störungen und Faktoren, die diese oder jene Störung ausgelöst haben könnten, in Betracht ziehen. Daß Aufmerksamkeit aber auch sehr viel helfen kann, belegt ein anderer Fall aus den Unterlagen einer Beratungsstelle.

Dort war eines Tages der Mitarbeiter eines Geschäftes für die Entwicklung von Fotografien aufgetaucht und hatte zwei Bilder mitgebracht. Auf dem einen war ein dicklicher Mann im Unterhemd zu erkennen, der ein zierliches Mädchen im Kleidchen auf seinem Schoß sitzen hatte. Die andere Aufnahme zeigte eine schlanken, stehenden Mann in Trainingshose und Unterhemd, vor dem ebenfalls ein verloren dreinblickendes Mädchen stand. Er habe so ein komisches Gefühl bei den Bildern, sagte er den Beratern, und wollte ja nur mal zur Vorsicht mit einem Experten sprechen.

Der leitete behutsam erste Recherchen im Umfeld der beiden Männer ein. Am Ende wurden zwei Fälle von jahrelangem, fortgesetzten schweren Mißbrauch aufgedeckt.

Die Experten gehen heute davon aus, daß bei sexuell mißbrauchten Kindern bestimmte emotionale Störungen gehäuft auftreten, die sich dennoch nicht als Checkliste zur Feststellung von Mißbrauch eignen. Depressive Symptome, emotionale Störungen mit großen Trennungsängsten, Störungen mit sogenannten oppositionalem Verhalten sowie andere Verhaltensstörungen sind Reaktionen auf körperliche Mißhandlungen oder sexuellen Mißbrauch. Bei Jugendlichen wurden häufig Selbsttötungsabsichten beobachtet sowie plötzlich auftretender Konsum von Rauschgiften – von Alkohol bis zu Drogen.

In dem bereits zitierten Forschungsbericht, den das bayerische Sozialministerium am Institut für Kinder- und Jugendpsychiatrie der Ludwig-Maximilians-Universität München in Auftrag gegeben hatte, wird als Beispiel für die Art der Störungen bei mißbrauchten Kindern ein »typischer Fall« vorgestellt:

»Tina war acht Jahre alt, als ein Beratungslehrer an der Schule sie wegen störenden und aggressiven Verhaltens an ein Zentrum für Familientherapie überwies. Ihr elfjähriger Bruder Don und ihre neunjährige Schwester Sarah wurden zusammen mit der Mutter ebenfalls untersucht.

Vor einigen Monaten war Tina wegen vaginaler Blutungen und Ausfluß in ein Krankenhaus gekommen. Es wurden vaginale Warzen diagnostiziert und eine Kultur des Vaginalabstriches erwies sich als positiv für Gonorrhoe. Bei der Befragung durch einen Sozialarbeiter, den der Kinderarzt gebeten hatte, die Kinder aufzusuchen, enthüllte Tina, daß sie und Sarah in den letzten beiden Jahren von ihrem Vater sexuell belästigt worden waren. Nach ihren Angaben kam er nachts regelmäßig in ihr Schlafzimmer und hatte mit ihr, viel seltener mit Sarah, vaginalen Verkehr. Den Mädchen fiel auf, daß sie ihr Vater häufig dann nicht belästigte, wenn sie wach waren. Tina war trotzdem so verängstigt, daß sie während der Belästigung die Augen schloß und Schlaf vortäuschte. Ihr Vater drohte ihnen Schläge an, wenn sie das Geheimnis verraten würden und deshalb hatten sie niemandem etwas davon gesagt.

Ihr Bruder Don, der Zeuge einer Belästigung geworden war, erzählte es der Mutter. Sie glaubte es nicht, erzählte es ihrem Mann, der daraufhin Don verprügelte. Don war schon häufiger vom Vater geschlagen worden. Nach der Enthüllung von Don erzählten Tina und Sarah ihrer Mutter, was vorgefallen war, aber sie schimpfte, sie würden ›Geschichten erfinden‹.

Als der Sozialarbeiter mit der Mutter über diese Ereignisse sprach, gab sie zu, daß sie den Verdacht gehabt hatte, daß ihre Kinder die Wahrheit sagten, daß sie aber Angst davor hatte, ihren Mann auf den sexuellen Mißbrauch anzusprechen, weil sie seine heftigen Wutanfälle fürchtete. Während der zwölf Jahre ihrer Ehe hatte er sie häufig geschlagen, aber sie hatte niemals daran gedacht, ihn zu verlassen, weil nach ihrem Glauben die Scheidung verboten war.

Nach der medizinischen Bestätigung des sexuellen Mißbrauchs wurden die Kinder zeitweise in eine Pflegefamilie gebracht, der Vater kam ins Gefängnis und das Familiengericht klagte die Mutter wegen Vernachlässigung an, weil sie nichts unternommen hatte, um die Kinder vor dem sexuellen Mißbrauch durch den Vater zu schützen. Die Kinder kamen danach zur Großmutter mütterlicherseits und durften zu ihrer Mutter zurückkehren, nachdem diese einer psychiatrischen Untersuchung und Behandlung von sich und den Kindern zugestimmt hatte.

Beim Interview im Zentrum für Familientherapie ist Tina ein trauriges, ungewöhnlich stilles Mädchen, das selten lächelt. Sie beschreibt Alpträume, in denen ihr Vater ins Zimmer kommt. Tina hat den anderen Kindern in der Schule davon erzählt, daß sie belästigt wurde und jetzt ist sie davon überzeugt, daß sie deshalb von ihnen abgelehnt wird. Als sie vor dem Gericht aussagte, war sie sicher, daß sie ins Gefängnis kommen würde, weil sie etwas Falsches getan hatte. Sie hat auch Angst davor, daß ihr Vater zurückkommen und sie angreifen wird. Zu Hause kämpft sie oft mit Sarah und Don. Sie hat den Eindruck, daß ihre Mutter, von der sie annimmt, daß sie ihre Schwester schon immer bevorzugt hat, sie besonders überwacht.«

Fazit der Studie: Die Reaktionen des Mädchens sind nahezu typisch und klassisch. Auf den sexuellen Mißbrauch des Vaters, der durch den fehlenden Schutz der Mutter nicht nur begünstigt, sondern sogar noch verstärkt wird, reagiert Tina mit depressiver Verstimmung, Alpträumen, Ärger, unangemessenen Selbstvorwürfen, Schuldkomplexen und dem Gefühl, abgelehnt zu werden.

Wo gibt es Rat und Hilfe?

Wenn Eltern und/oder Erwachsene das Gefühl haben, ein Kind werde mißbraucht, dann sollte zunächst das Gespräch mit einem Experten gesucht werden. Zahlreiche Beratungsstellen, die es in allen größeren Städten gibt, haben sich auf Fragen von Kindesmißhandlung und sexuellem Mißbrauch spezialisiert bzw. zumindest geeignete Berater dafür. Bevor ein Verdacht geäußert wird, ist es ebenfalls sinnvoll, sich zuerst einmal hier anhand der gemachten Beobachtungen zu besprechen. Angesichts der Vielzahl der Beratungsangebote sollen hier nur einige Stichworte genügen, die sozusagen Anstoß geben können, wo man Hilfe und Rat bekommt. Die genauen Anschriften und Rufnummern sind in jedem örtlichen Telefonbuch zu finden:

- In zahlreichen Städten gibt es, zumeist auf Vereinsbasis, Beratungsstellen gegen sexuellen Mißbrauch. »Zartbitter«, »Wildwasser« oder »Lawine« gehören zu den bekanntesten. Einige bieten, dies wird meist schon beim ersten Kontakt ausdrücklich vermerkt, nur Hilfe für mißhandelte Mädchen und Frauen an. Andere, wie zum Beispiel »Zartbitter« in Köln, haben auch Fachleute für Mißhandlungen von Jungen. Häufig gibt es auch besondere Beratungszeiten, in denen ein Mann als Ansprechpartner verfügbar ist.
- Angesichts der zunehmenden Fälle von Inzest haben sich auch die städtischen und kirchlichen Ehe-, Familien- und Lebensberatungsstellen auf dem Gebiet der Hilfe bei Kindesmißbrauch etabliert. Ein weit verbreiteter Irrtum besteht darin, daß Beratungsdienste in kirchlicher Trägerschaft nur Angehörigen der entsprechenden Kirche offenstehen. Dies ist nicht der Fall. Da in diesen Stellen aber alle Krisenfälle zusammenkommen – von der Ehekrise bis zum Suizid – kann es unter Umständen einige Zeit dauern, bis man einen freien Termin bekommt.
- Die verschiedenen Kinderschutzorganisationen haben in den größeren Städten des Bundesgebietes Kinderzentren eingerichtet. Auch dort arbeiten sachkundige Berater, die zum Teil über große Erfahrungen im Umgang mit Sexualdelikten verfügen.
- Anlaufstellen sind auch die in vielen Städten bereits eingerichteten

Notruftelefone für vergewaltigte Frauen und Mädchen sowie die Frauenhäuser. Die infrastrukturelle Einbindung dieser Einrichtung in das gesamte Beratungswesen der Stadt ermöglicht es, wenn kein geeigneter eigener Berater vorhanden ist, zumindest sofort eine Anlaufstelle nennen zu können, die dann zuständig ist. Wie alle anderen bisher genannten Institutionen können die Notruftelefone und Frauenhäuser auch Ärzte, Psychotherapeuten und Rechtsanwälte benennen, mit denen sie zusammenarbeiten und die auf Fragen des sexuellen Mißbrauchs, der Prostitution und Pornographie von Minderjährigen spezialisiert sind oder Erfahrungen haben.

- Zu den Experten für Fragen von Jugendschutz und Mißbrauch zählen auch die Mitarbeiter der kommunalen bzw. kirchlichen Jugendämter, Jugendfürsorgestellen oder Jugendberatungsstellen. Auch die Mitarbeiter von anderen sozialen Hilfseinrichtungen – wie z.B. einer Drogenberatung – können zumindest mit Tips weiterhelfen, wo in der jeweiligen Stadt die richtige Anlaufstelle für Fragen des Mißbrauchs sind. In zunehmendem Maße zählen dazu beispielsweise auch Beratungsstellen für Schwangere, deren eigentliches Aufgabengebiet zwar eigentlich die Beratung werdender Mütter in Konfliktsituationen ist. Dienste wie pro familia beispielsweise haben sich aber in den letzten Jahren zunehmend auch Fragen der Sexualerziehung zum Schwerpunkt gemacht und helfen deswegen auch bei Mißbrauch oder Verdacht auf Prostitution weiter.
- Bei einem Verdacht auf Mißbrauch stehen selbstverständlich auch die Hausärzte zur Verfügung, die auch in der Lage sind, die notwendigen medizinischen Untersuchungen und Diagnosen vorzunehmen. Dazu zählen auch Kinderärzte, Kinderkliniken oder medizinische Zentren mit entsprechenden Kinderspezialisten. An immer mehr Kinderkliniken werden eigene Arbeitsgruppen zur Mißbrauchsthematik eingerichtet, so daß man auch dort mit fachkundiger Hilfe rechnen kann.
- Bei Verdacht auf Kinderprostitution bzw. Verbreitung kinderpornographischer Materialien sollte auch niemand den Gang zur Polizei scheuen. Wer nicht das für den Wohnort zuständige Revier vor Ort aufsuchen will, kann sich in den Poilzeipräsidien der größeren Städte auch direkt an die Kommissariate für Jugendschutz und Jugendkriminalität wenden.
- Diese Kommissariate sind auch die richtigen Ansprechpartner für

Fälle von Kinderpornographie oder -prostitution in Datennetzen. Selbst wenn die Beamten dort nicht direkt zuständig sein sollten, wissen sie jedoch besser und genauer, an wen sie den Vorgang auch überregional weiterzuleiten haben.

Eltern-Hilfe

Was können Eltern tun? Wenn die Gesetze und der rechtliche Alltag schon die sexuelle Selbstbestimmung der Minderjährigen nicht in den Mittelpunkt stellen, dann müssen es wenigstens die Eltern tun. Das ist, angesichts der Tatsache, daß 95 Prozent der Täter aus dem familiären Umfeld kommen, vielleicht der wichtigste Ansatz. Denn in den eigenen vier Wänden lernen Kinder durch Nachahmen, wie man mit dem eigenen Körper umgeht und welche Rechte man hat.

Die Fachliteratur wimmelt nur so von Beispielen, in denen vor dem Zwang zur körperlichen Nähe und zur Zärtlichkeit gewarnt wird. In vielen Familien scheint »wildes Küssen« zur Begrüßung von Tante, Onkel, Oma und Opa schlicht dazuzugehören. Nicht wenige Kinder schildern später, wie unangenehm diese erzwungene Nähe war. Zumal, wenn sie sich weigerten und dies von Großeltern und Eltern als offener Affront und Liebesentzug gewertet wurde.

Tatsächlich aber ist eine Erziehung zum Nein-sagen-Können und zu einem Akzeptieren dieses Nein eine Grundvoraussetzung. Ob Kind, Frau oder Mann – sexuelle Selbstbestimmung beginnt da, wo man selbst entscheiden kann, wen man an sich heranläßt. Die Vergewaltigungsschilderungen sind voller Beispiele, in denen Täter angaben, das »Nein« der Frauen sei ja doch nur eine Art »Spiel« gewesen und bedeute im Grunde eine Einladung zur Überwindung des Widerstandes.

Erwachsene müssen damit leben lernen, daß auch Kinder ein waches Gefühl für körperliche Nähe und Intimsphäre haben und keineswegs jeden und zu jeder Zeit an sich heranlassen wollen. Aber sie spüren natürlich auch sehr genau die Unsicherheit Erwachsener im Umgang mit solcher Nähe. Vom Umgang mit Nacktheit oder Sexualität ganz zu schweigen.

An dieser Stelle ist nicht der Platz für einen pädagogischen Ratgeber zur sexuellen Erziehung von Kindern. Im Anhang sind einige Kinderbücher aufgeführt, anhand derer Eltern das Thema durchaus gemeinsam mit ihren Kindern erarbeiten können.

Darüber hinaus müssen Eltern aber verstärkt darauf achten, ein Nein ihrer Kinder zu Körperkontakt nicht nur zu akzeptieren, sondern sie auch darin zu bestärken. Wer schon in frühester Phase anfängt, das

Nein zu durchbrechen, legt einen Grundstein für eine Erfahrung, die da heißt: Man macht mit mir, was man will. Mit allen späteren Folgen.

Der Leiter der »Zentralen Auswertungsstelle Kinderpornographie« beim Landeskriminalamt Stuttgart, Egbert Heinisch, sagte bei den Vorgesprächen zu diesem Buch, es müsse den Eltern deutlich werden, wie wichtig ein offenes, ehrliches Gespräch mit den Kindern ist. »Eltern müssen sich mehr um ihre Kinder kümmern, den Kontakt zu ihnen halten, damit sie das Gefühl haben können, über alles reden zu können, wenn sie es wollen.« Das ist die Balance zwischen Gewährung von Eigenständigkeit und helfender Partnerschaft. Heinisch, der sich Tag für Tag um Jugendkriminalität und mißbrauchte Kinder kümmert, weiß da zweifellos, wovon er spricht.

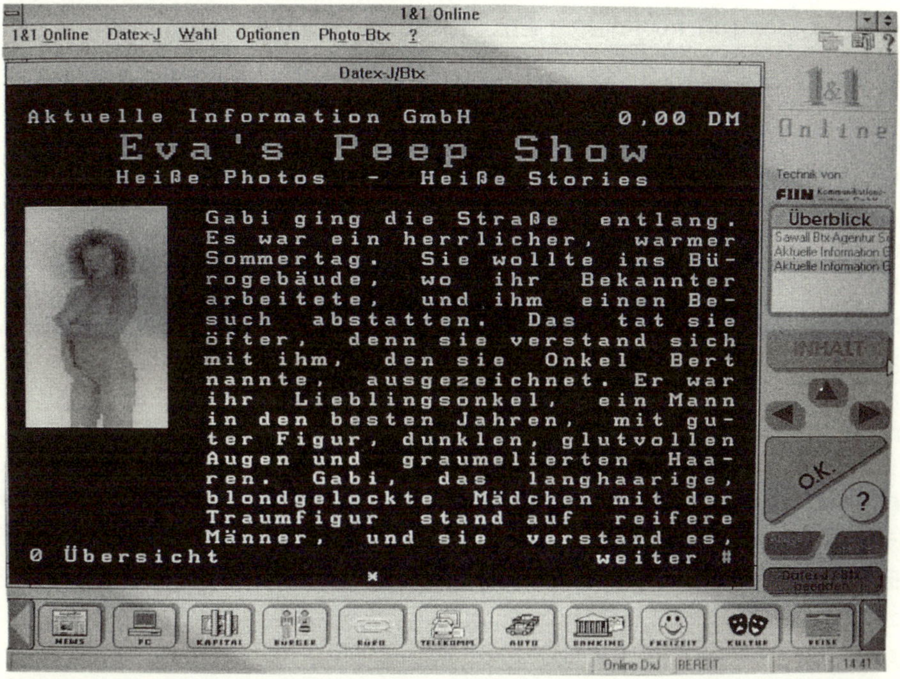

Dazu gehört auch, daß Eltern mit ihren Kindern – jeweils dem Alter entsprechend – über deren Interessen, Freunde und ihre Beschäftigungen reden. Das verstärkte Interesse an Sexualität ist im Laufe des Heranwachsens nicht nur normal, es gehört zur Sozialisierung dazu. Der überprotektive Drang mancher Eltern, ihre Kinder möglichst lange vor allem Bösen fernzuhalten, führt in den meisten Fällen dazu, daß die so unterdrückten Bedürfnisse später um so ungehemmter ausgelebt werden wollen.

Für die Kleinen von heute und die Großen von morgen ist der Umgang mit dem Computer und seinen Möglichkeiten eine Selbstverständlichkeit. Aber auch ein Freiraum, zu dem viele Eltern aufgrund eigenen Desinteresses oder auch technischen Unvermögens keinen Zutritt haben. Dabei müssen sich alle, die mit Kindern zu tun haben, darüber im klaren sein, daß die Kinder auch in der Welt des Cyberspace ihre aufwachenden Interessen zu befriedigen suchen. Das betrifft auch die Sexualität. Insofern ist es durchaus wichtig, sich die »Tür zu den Kindern so offenzuhalten«, daß man auch über die dort gewonnenen Eindrücke und Erfahrungen miteinander reden kann. Wenn Jugendliche in der Pubertät in den Datennetzen erfahren, daß Sexualität ausschießlich etwas mit Gewalt und Perversion, mit Ausnutzen und Benutzen, mit Unterwerfung und Zerstörung zu tun hat, wird sie dies prägen. Nicht nur in ihrem Eindruck vom Verhältnis der Frauen zu den Männern und umgekehrt, sondern ganz generell für den Umgang von Menschen miteinander. Selbst wenn der Heranwachsende zwischen Internet und Compuserve, zwischen FidoNet und Datex-J von Gewalteindrücken verschont bleibt, aber sich Zuwendung und Nähe nur hier holt, wird dies für seine persönliche Zukunft nicht ohne Folgen bleiben. Die Lösung heißt nicht, den Zugang verbieten. Die Lösung heißt auch für die Informationsgesellschaft, die Nutzung gemeinsam einüben.

Deswegen sollten Eltern sich nicht nur die Freunde der Kinder ansehen, sondern auch wissen, mit wem die Kids auf der Datenautobahn unterwegs sind. Es geht nicht darum, ständig daneben zu sitzen. Aber den meisten Eltern geht ja jeder Zugang zu den neuen Kommunikationstechnologien so sehr ab, daß der Sohn oder die Tochter mit einem Druck auf den Elternschutzschalter, den es unter ähnlichen Namen bei jedem Anbieter mit zweifelhaftem Inhalt gibt, stets die Erziehungsberechtigten in dem Eindruck lassen kann, man recherchiere gerade für eine Geschichtsreferat, während unter der Oberfläche gerade ein paar pornographische GIFs downgeloaded werden.

Die Datenwelt ist nicht ohne Gefahren, die Eltern dann meist ausbaden müssen, wenn der Nachwuchs freimütig CD-ROMs bestellt oder Adressen weitergibt. Der Fachjournalist Reinhold Scheu, der sich in München auf Computerkriminalität spezialisiert hat, gibt den Eltern folgende Hinweise, die sie an ihre Kinder weitergeben sollten:

- Jeder Zugang zu jedem Datennetz ist durch eine Kennung und ein persönliches Paßwort oder eine persönliche Identifikation geschützt. Aus Bequemlichkeit speichern die meisten Eltern diese Angaben so ab, daß der Rechner beim Anwählen die persönlichen Angaben automatisch sendet. Damit kann jedoch jeder, der Zugang zu dem Computer hat, auf Kosten und ohne Erlaubnis des Besitzers die Angebote nutzen, Bestellungen ausführen usw. Auch wenn es lästig erscheint: Automatischen Zugang abschalten. Die persönlichen Zugangskennungen immer per Hand eingeben.
- Paßwörter sowie Anschlußkennungen gehören, übrigens nicht nur der eigenen Kinder wegen, unter Verschluß.
- Bewährt haben sich in diesem Zusammenhang auch zusätzliche Programme, die schon das Starten des Computers nur nach Eingabe eines Kennwortes möglich machen.
- Kennwörter müsssen in mehr oder weniger regelmäßigen Abständen geändert werden. Bei der Auswahl der Paßwörter empfiehlt sich etwas Phantasie. Weit mehr als die Hälfte aller männlichen Bundesbürger nutzt das Paßwort »Tarzan« (Warum wohl?). Für Unberechtigte sind Zugänge ebenfalls leicht zu knacken, wenn als Paßwort Vornamen von Familienmitgliedern, Geburtsnamen der Frau oder Geburtsdaten verwendet werden. Denken Sie dran: Als Paßwort akzeptiert der Rechner auch eine zufällige Folge von Zahlen und Buchstaben wie »oü29xz«.
- Daten wie Adresse, der Name, die Anschrift von Wohnort, Schule oder Arbeitsstelle der Eltern sollten **niemals** an Online-Partner weitergegeben werden.
- Paßwörter oder Seriennummern von Programmen gehören unter keinen Umständen auf fremde Bildschirme oder in Datennetze.
- Angaben über Urlaubszeiten oder regelmäßige Termine sollten unterbleiben.
- Treffen mit Online-Partnern sollten nur mit Wissen und Zustimmung der Eltern an einem sicheren Ort verabredet werden.
- Bei Online-Dialogen muß grundsätzlich damit gerechnet werden, daß Dritte mitlesen. Auch wenn die aus Datenschutzgründen eigentlich verboten ist. In einigen Dialogsystemen gibt es Sonderfunktionen, die alle laufenden Dialoge offenlegen oder speichern, was Anfänger häufig nicht wissen.
- Wer bei einem direkten Dialog mit einem Online-Partner unange-

nehme Fragen gestellt bekommt oder es zu Beleidigungen kommt, sollte die Verbindung unterbrechen und den Betreiber der Mailbox (Sysop) oder des Online-Services umgehend informieren.

- Für zahlreiche Angebote müssen sogenannte Anbietervergütungen (sie heißen in den Netzen ganz unterschiedlich) gezahlt werden. Jeder Nutzer muß aber wissen, daß zusätzlich Telefongebühren anfallen, so daß ein mehrstündiger Aufenthalt oft sehr teuer werden kann.
- Telefonrechnungen müssen unbedingt genau kontrolliert werden. Bei Unregelmäßigkeiten bzw. Auffälligkeiten nicht warten, sondern sofort die zuständige Gebührenstelle der Telekom informieren. In Datex-J gibt es eine zusätzliche Kontrollmöglichkeit. Dort kann (zusätzlich zu den Tages- und Monatskosten) nach jedem Kontakt eine Gebührenübersicht über den zu Ende gegangenen Kontakt abgerufen werden *92#. Wer dies notiert, hat eine leichte Kontrolle bei der Monatsabrechnung.
- Bei der Einwahl in Datennetze wie Internet oder CompuServe immer den nächstgelegenen Knoten anwählen. Sonst gibt es böse Überraschungen, da Gebühren für ein Ferngespräch anfallen.
- Bei Angeboten, die kriminellen Inhalt zu haben scheinen, aus dem Dialog aussteigen und den Anbieter ggf. auch die Polizei informieren. Wer auf einen solchen Dialog einsteigt, macht sich unter Umständen ebenfalls strafbar. Bitte bedenken: Trotz aller Anonymität sind die Teilnehmer für die Staatsanwaltschaft jederzeit über die Anschlußnummer identifizierbar.

Nachwort

Wenn Sie bei diesem Nachwort angekommen sind, haben Sie eine erschreckende Welt kennengelernt. Es gibt nicht wenige, die die Auseinandersetzung scheuen, die mir geraten haben: Laß die Finger von dem Thema. Man muß doch nicht alles wissen.

Urteilen Sie selbst: Darf man über diese Vorgänge schweigen?

Darf man die betroffenen Kinder alleine lassen?

Ich meine nein. Wir müssen darüber reden, die Praktiken offenlegen. Denn wenn wir schweigen, erledigen wir das Geschäft derer, für die Kinder nur eine Ware sind.

Reden Sie deshalb darüber – mit Ihren Kindern, mit anderen Eltern, Lehrern, Erzieherinnen und Erziehern, Ärzten, Experten, wer immer Ihnen einfällt.

Und wenn Sie wollen, schreiben Sie mir.

Online, natürlich.

Sie erreichen mich im Datennetz:
CompuServe 100416,1500

Denn mit diesem Buch allein dürfen die Bemühungen um den Schutz für unsere Kinder nicht zu Ende sein.

Bücher für das Gespräch der Eltern mit ihren Kindern

Nichts kann das Gespräch der Eltern mit ihren Kindern ersetzen, vor allem dann nicht, wenn der Nachwuchs schon älter ist.

Für die erste Auseinandersetzung der Kinder mit dem Thema Körper, Gefühle und Sexualität gibt es inzwischen eine ganze Reihe von Büchern, die sich zur gemeinsamen Lektüre von Eltern und Kinder eignen. Die Liste erhebt keinen Anspruch auf Vollständigkeit und hebt aus der stetig wachsenden Zahl der Buchtitel einige beachtenswerte hervor:

Peter, Ida und Minimum von G. Fagerström und G. Hansson, Ravensburger
Peter und Ida erleben mit, wie sie ein Geschwisterchen bekommen, das sie, noch vor der Geburt, »Minimum« nennen. Dieses mit dem Deutschen Jugendbuchpreis ausgezeichnete Bilderbuch für Kinder ab neun Jahren geht auf die Themen Zeugung, Schwangerschaft, Geburt ein. Es ist locker geschrieben und im Comicstil illustriert.

Das große und das kleine Nein von Gisela Braun und Dorothee Wolters, Verlag an der Ruhr, Mülheim an der Ruhr
Ein Bilderbuch für Kinder ab vier Jahren, aber auch für Eltern, die lernen sollen, das kleine Nein ihrer Kinder ernstzunehmen. Dann nämlich wird aus dem kleinen plötzlich ein großes Nein. Ansprechende Bilder mit einem witzig-spritzigen Text.

Mutter, sag wer macht die Kinder von Janosch, Mosaik Verlag
Janosch zeigt anhand einer kleinen Mäusefamilie, wie es bei den Menschen zugeht. Auf seine unverwechselbare Art erzählt Janosch die Geschichte vom Mäusevater, Maulwurf Didi, den besten Küsser der Mäuseschule, über Verliebtsein und vieles mehr. Das Buch wird ab acht Jahren empfohlen.

Schön blöd von Ursula Enders und Dorothee Wolters, Volksblatt Verlag Köln, 1991
Ab vier Jahren werden die »schönen und die blöden« Gefühle von Kindern angesprochen. Denn was für den einen schön ist, kann für den anderen blöd sein: Omas Küsse sind blöd, aber wenn Oma eine Geschichte vorliest, macht das schöne Gefühle. Und wenn einem jemand blöde Gefühle macht, soll man sich wehren. Ein Buch, das Eltern und Erwachsene auffordert, die Intimsphäre der Kinder zu achten.

Kein Anfassen auf Kommando von Marion Mebes, Donna Vita Verlag
Die Autorin greift das Buch »Kein Küßchen auf Kommando« (siehe unten) auf. Hier geht es um Gefühle, die durch Anfassen entstehen und gegen die man sich genauso als Kind wehren darf, wie gegen Küsse, die ungute Gefühle wecken.

Kein Küßchen auf Kommando von Marion Mebes, Donna Vita Verlag
Gemeinsam mit der Zeichnerin Lydia Sandrock ist dieses Heftchen fast schon so etwas wie ein »Standardwerk« für Eltern. In großer Kinderschreibschrift geht es darum, daß man sich gegen erzwungene Küßchen auch von lieben Verwandten durchaus wehren darf.

Vater, Mutter und ich von Malcolm und Meryl Doney, Brunnen-Verlag
Für Fünfjährige gibt dieses, deutlich religiös ausgerichtete Bilderbuch Antwort auf Fragen nach Geburt und Zeugung. Und weil Kinder in diesem Alter Begreifen lernen, können sie die Frage, wie das Baby in Mamis Bauch kommt, mit Hilfe von Puzzleteilen nachspielen.

Wenn ich darüber reden könnte von Patrick Kehoe, Donna Vita Verlag
Dieses Kinderbuch ab drei Jahren entstand nach langjähriger Arbeit des Autors mit mißbrauchten Mädchen und Jungen. Kehoe setzt es immer dann ein, wenn bei einem Kind der Verdacht auf Mißbrauch bestand, es aber nicht reden wollte. Insofern enthält das Buch Zeichnungen und Darstellungen, in denen Mißbrauch auf kindliche Weise dargestellt wird und in dem sich betroffene Kinder wiederfinden sollen.

Heimlich ist mir unheimlich von Oralee Wachter, Donna Vita Verlag
Umarmen und Küssen ist schön. Aber was ist, wenn ein Kind Berührungen, die Wärme und Zuneigung ausdrücken sollen, das Kind unsicher

machen oder gar erschrecken? Die Autorin gibt in vier Geschichten zum Vorlesen solche Situationen wieder und bietet Lösungen an.

Gute Nacht Zuckerpüppchen von Heidi Glade-Hassenmüller, Bitter Verlag, 1989
Gabi wird zehn Jahre lang von ihrem Stiefvater mißbraucht. Erst jetzt kann sie darüber reden. Die Autorin schildert, fast 30 Jahre später, ihren eigenen Fall und will damit betroffene Mädchen ansprechen.

Li Lo Le Eigensinn von Ursula Enders und Dorothee Wolters, anrich Verlag
In diesem Bilderbuch geht es um die eigenen Sinne und Gefühle. Es soll das Vertrauen in die eigene Wahrnehmung fördern. Erzählt wird die Geschichte dreier Mädchen, die aus ganz unterschiedlichen Lebensverhältnissen kommen, sich darüber austauschen, was sie schön finden und was nicht. Schließlich gründen sie eine Bande, in der jeder mitmachen kann, der auch eigensinnig sein möchte.

Auf den Spuren starker Mädchen von Irmgard Schaffrin und Dorothee Wolters, Zartbitter, Volksblatt Verlag Köln
Ein freches Buch von frechen Mädchen, die als frech empfunden werden, weil sie sich gegen alle patriarchalischen Rollenzuweisungen wehren, einen Belästiger »zufällig« mit Cola übergießen, den Freund in die Grenzen weisen, Übergriffe eines Lehrers abweisen. Zwei Mädchen stehen offen zu ihrer lesbischen Liebe. Das mit Cartoons gestaltete Buch lädt zum Diskutieren ein, vor allem sollten Frauen und/oder Mütter dies mit Mädchen und/oder Töchtern gemeinsam durchgehen und die Geschichte weiterspinnen.

Ey Mann, bei mir ist es genauso von Rainer Neutzling und Burkhard Fritsche. Zartbitter, Volksblatt Verlag Köln
Das ist sozusagen das »Pendant« für Jungen. Das Buch schildert den Alltag von Micha und Ali, zwei Jungen, deren Intimgrenzen immer wieder verletzt werden – Homosexualität, Übergriffe von Frauen, das Cartoon-Buch greift auch Themen auf, die eher selten behandelt werden. Auch hier gilt: ein Buch für das Gespräch zwischen Erwachsenen und jugendlichen Kindern.

Bibliographie

Albrecht, H.-J.: Gewalt gegen Kinder aus kriminologischer Sicht. In: Bayerisches Staatsministerium für Arbeit, Familie und Sozialordnung (Hrsg.): Gewalt gegen Kinder. Dokumentation. München 1991

Arendt, H,: Kleine weiße Sklaven, Berlin 1912/13

Arendt, H: Kinder des Vaterlandes. Neues vom Kinderhandel mit Jahresbericht über meine Recherchen und Fürsorgetätigkeit vom 1.9.1912 bis 31.8.1913, Stuttgart 1913

Bach, R.P.: Ausmaß, Methoden und Ursachen des Handels mit Adoptivkindern aus der sogenannten Dritten Welt in der Bundesrepublik Deutschland, Berlin 1986

Bader, Birgit, Land Ellinor (Hrsg.): Stricher-Leben, Galgenberg, Hamburg 1991

Bange, Dirk, Beckmann F.: Kinderpornographie. Eine der Ursachen sexueller Ausbeutung von Kindern. In : päd. extra & demokratische erziehung 6/90

Bange, Dirk: Die dunkle Seite der Kindheit. Sexueller Mißbrauch an Mädchen und Jungen. Ausmaß – Hintergründe – Folgen. Volksblatt Verlag Köln 1992

Bange, Dirk: Es hätte mir sowieso keiner geglaubt. Sexuell mißbrauchte Jungen – Kinder ohne Lobby. In: päd. extra & demokratische Erziehung 10/89

Bange, Dirk: Jungen werden nicht mißbraucht – oder? In: Psychologie heute 17/90

Bange, Dirk: Jungenprostitution. In: päd extra & demokratische erziehung 11/90

Bange, Dirk: Sexueller Mißbrauch an Mädchen und Jungen – Hintergründe und Motive der Täter. In: psychosozial Heft 11 (Nr. 54) 1993

Barth, Arina: »Französisch 50, Verkehr 60« . In: DER SPIEGEL 44/89

Bass, Ellen, Davis, Laura: Trotz allem. Wege zur Selbstheilung für sexuell mißbrauchte Frauen, Orlanda Frauenverlag, Berlin 1990

Baurmann, M.C.: Sexuelle Gewalt gegen Kinder – Ergebnisse aus der viktimologischen Forschung des Bundeskriminalamtes. In: Die Frauenministerin des Landes Schleswig-Holstein/Kinderschutzzentrum Kiel (Hrsg.): Sexuelle Mißhandlung von Kindern. Dokumentation einer Fachtagung 1989, Kiel 1990

Bayerischer Landtag: Zur Situation der Kinder in Bayern. Interpellation der Abgeordneten Dr. Albert Schmid, Irlinger, Berg u.a. und Fraktion der SPD. Drucksache 12/14492

Brennpunkt: Porno-CDs. In: win 12/94

Bresler, Fenton: INTERPOL. Der Kampf gegen das internationale Verbrechen von den Anfängen bis heute. Bertelsmann Verlag, München 1993

Bundeskriminalamt: Polizeiliche Kriminalstatistik 1989 – 1994, Jahresberichte, Wiesbaden 1989 – 1994

Bundesministerium der Justiz: Kinderhandel – Der Stand des empirischen Wissens im Bereich des (kommerziellen) Handels mit Kindern. Studie von Professor Dr. Hans-Jörg Albrecht an der Technischen Universität Dresden, Burg Verlag, Bonn 1994

Bundesministerium der Justiz: Kinderpornographie und Bildschirmtext. Gutachten/Informationsvermerk vom 6. Januar 1995

Bundesministerium für Bildung, Wissenschaft, Forschung und Technologie: Multimedia – Chance und Herausforderung. Eine Dokumentation. Bonn 1995

Bundesministerium für Gesundheit (Hrsg.). : Aids, Sex und Tourismus. Ergebnisse einer Befragung deutscher Urlauber und Sextouristen. Nomos Verlag, Baden-Baden 1995

Burgsmüller, Claudia: Rechtlicher Schutz von Kindern vor sexueller Ausbeutung. Kritik und Reformvorschläge. Gutachten für die Kampagne gegen Kinderprostitution im Zusammenhang mit Sextourismus. Terre des hommes, Osnabrück 1992

DER SPIEGEL: »Natascha, komm ins Bett«, Spiegel 46/1994

DER SPIEGEL: Verführt, verkauft, verbraucht. Das Elend der Kinderprostitution in der Dritten Welt. Zweiteilige Serie in Spiegel 42 und 43/89

Deutscher Bundestag: Antwort der Bundesregierung auf die Große Anfrage der Fraktion DIE GRÜNEN zum sexuellen Mißbrauch von Kindern. Drucksache 10/3845, Bonn 1985

Deutscher Bundestag: Stenographischer Bericht der 111. Sitzung vom 9. Oktober 1992, Plenarprotokoll 12/111

End Child Prostitution. Report of an international consultation on child prostitution in Bangkok, Juni 1994

Enders, Ursula (Hrsg.): Zart war ich, bitter war's. Sexueller Mißbrauch an Mädchen und Jungen. Erkennen – schützen – Beraten. Volksblatt Verlag Köln 1991

Enders, Ursula: Täter auf Opfersuche. In: Sexueller Mißbrauch von Kindern und Jugendlichen. Hilfe für Kind und Täter. Westarp Wissenschaften. Reihe Sozialpädagogik und Psychologie 5

Frank, Reiner; Räder, Klaus: Früherkennung und Intervention bei Kindesmißhandlung. Forschungsbericht im Auftrag des Bayerisches Staatsministeriums für Arbeit, Sozialordnung, Familie, Frauen und Gesundheit. München 1995

Glöer, Noele; Schmidskamp-Böhler Irmgardt: Verlorene Kindheit. Jungen als Opfer sexueller Gewalt. Verlag Weismann, München 1990

Habscheid, W.J.: Die Problematik der Kindesentführung über nationale Grenzen und ihre Regelung durch neue internationale Abkommen. In: Schwab D. (Hrsg.): Staat, Kirche, Wissenschaft in einer pluralistischen Gesellschaft. Festschrift für Paul Mikat. Berlin 1989

Hanns-Seidel-Stiftung: Demokratie in Anfechtung und Bewährung – Zur Problematik von organisierter Kriminalität, Terrorismus- und Drogenbekämpfung«. 11. Internationale Fachtagung, Budapest 1994, München 1994

Heinz, W.: Anzeigeverhalten. In: Kaiser G. u.a. (Hrsg.): Kleines Kriminologisches Wörterbuch, 3. Auflage, Heidelberg 1993

Hopff, A.: Der Mädchenhandel, insbesondere in seinen Beziehungen zu Deutschland. Monatsschrift für Kriminalpsychologie und Strafrechtsreform 3(1907)

Hoyer H.: Menschenraub. Seine kriminalistischen Erscheinungsformen sowie die für ihn vorgesehenen gesetzlichen Strafbestimmungen. Jur. Dissertation, Leipzig 1938

Kirchhoff, Sabine: Sexueller Mißbrauch vor Gericht. Band 1: Beobachtung und Analyse. Band 2: 15 Gerichtsprotokolle. Leske + Budrich Verlag, Opladen 1994

Landeskriminalamt Baden-Württemberg: Jugendkriminalität und Jugendgefährdung, Jahresberichte 1989 bis 1994, Stuttgart 1989–1994

Lappessen, Katharina: Was ist mit Anna? Verlag Frauenoffensive, München 1991

Launer, Ekkard: Zum Beispiel Sextourismus. Lamuv, Göttingen 1993

Lindlau, Dagobert: Der Mob. Recherchen zum organisierten Verbrechen. dtv-Sachbuch, München 1989

Lipka, Susanne: Das käufliche Glück in Südostasien, Heiratshandel und Sextourismus (3. erweiterte Auflage), Verlag Westfälisches Dampfboot, Münster 1985

Loose, Hans-Werner: Die Kriminalität an der tschechischen Grenze explodiert. In: Die Welt vom 14. Dezember 1994

Lücker-Babel, M.F.: Die neue Haager Konvention über den Schutz von Kindern, terre des hommes intern Nr. 1/2, Osnabrück 1994

McIntyre, Dave: Pornographie im Internet löst Streit über Meinungsfreiheit aus. dpa-Korrrespondentenbericht vom 15. März 1995

Miketta Gaby: Sex mit Kindern. In: focus 36/93

Ministerium für Arbeit, Gesundheit und Soziales Nordrhein-Westfalen (Hrsg.): Sexueller Mißbrauch von Kindern. Expertise zum 5. Jugendbericht der Landesregierung NRW. Autorin: Ursula Enders. Düsseldorf 1989

MISEREOR – Arbeitsheft: Sanfte Stärke. Frauen in Thailand, Bischöfliches Hilfswerk Misereor e.V., Aachen

Newsweek: Technomania. Special Report in Newsweek vom 27. Februar 1995

Pollmann, Uwe: Der Krieg der Kinder. Auf den Straßen Lateinamerikas. Rowohlt, Reinbek bei Hamburg 1992

Pollmann, Uwe: Im Netz der grünen Hühner. Die Straßenkinder von Recife, Lamuv, Göttingen 1990

Regtmeier, W.: Menschenhandel – Erfahrungen einer Sonderkommission in einem besonderen Deliktsbereich der organisierten Kriminalität. Polizeiführungsakademie Münster-Hiltrup 1990

Renschler, Regula: Wahre Liebe. Sextourismus – Prostitution – Frauenhandel (3. erweiterte Auflage), Peter Hammer, Wuppertal 1991

Scheu, Reinhold: Liebesgrüße von der Festplatte. In: PC professionell Februar 1995

Schmidt, Heinz G.: Kindermarkt. Reportagen vom schmutzigsten Geschäft der Welt, Lenos, Basel 1988

Schwarzer, Alice: PorNo. Opfer & Täter, Gegenwehr & Backlash, Verantwortung und Gesetz. Kiepenheuer & Witsch, Köln 1994

Sekretariat der Deutschen Bischofskonferenz: »Die Frau: Erzieherin zum Frieden«. Arbeitshilfen zum Welttag des Friedens 1995, Bonn 1995

Steinhage, Rosemarie: Sexueller Mißbrauch an Mädchen. Ein Handbuch für Beratung und Therapie, Rowohlt, Reinbek bei Hamburg 1989

Tate T.: Child Pornography. An Investigation. London 1990

terre des hommes Schweiz: Gebunden im Schweigen – Sex mit Kindern ist ein Verbrechen, Schweizer Kampagne gegen Kinderpornographie, Basel 1993

Smith, Margaret: Gewalt und sexueller Mißbrauch in Sekten, Kreuz-Verlag, 1995

terre des hommes: Alles käuflich? Kinderprostitution. terre des hommes, Osnabrück 1994

terre des hommes: Sextourismus und Kinderprostitution. Dokumentation der Arbeitstagung der Kampagne gegen Kinderprostitution. Dezember 1991 Osnabrück

Thönnissen, Ann; Meyer-Anderson, Klaus: Das Verbrechen, von dem keiner spricht. Mehrteilige Serie in: STERN 46/89 ff

Thönnissen, Ann; Meyer-Anderson, Klaus: Dunkelziffer. Das geheime Geschäft mit der schmutzigen Pornographie. Goldmann, München 1990

Trube-Becker, E.: Mißbrauchte Kinder. Sexuelle Gewalt und wirtschaftliche Ausbeutung. Heidelberg 1992

Tübinger Projektgruppe Frauenhandel (Hrsg.): Frauenhandel in Deutschland. Verlag J.H.W. Dietz, Bonn 1989

UNICEF: Zur Situation der Kinder in der Welt 1995, Fischer-Verlag, Frankfurt (Main) 1995
Zuber, Helene: Straßenkinder. Ein Report. Galgenberg, Hamburg 1992